山西古村镇系列丛书

山西省住房和城乡建设厅组织编写

丁村古村

薛林平 王鑫 戴祥
罗腾杰 陈琳汾 钟成 著

中国建筑工业出版社

图书在版编目(CIP)数据

丁村古村／薛林平等著．－北京：中国建筑工业出版社，2019.12
（山西古村镇系列丛书）
ISBN 978-7-112-24504-8

Ⅰ.①丁… Ⅱ.①薛… Ⅲ.①乡村-古建筑-介绍-襄汾县 Ⅳ.①K928.71

中国版本图书馆CIP数据核字（2019）第283628号

责任编辑：费海玲　张幼平
责任校对：王　烨

山西古村镇系列丛书
山西省住房和城乡建设厅　组织编写
丁村古村
薛林平　王　鑫　戴　祥
罗腾杰　陈琳汾　钟　成　著

*

中国建筑工业出版社出版、发行（北京海淀三里河路9号）
各地新华书店、建筑书店经销
北京方舟正佳图文设计有限公司制版
北京中科印刷有限公司印刷

*

开本：787×960毫米　1/16　印张：11½　字数：214千字
2020年7月第一版　2020年7月第一次印刷
定价：**58.00元**
ISBN 978-7-112-24504-8
（35071）

版权所有　翻印必究
如有印装质量问题，可寄本社退换
（邮政编码 100037）

《山西古村镇系列丛书》

主　编：王立业　翟顺河　李锦生
副主编：张海星　薛林平
编委会：杜雪峰　张晋耀　李少鹏　赵俊伟
　　　　张　斌　邵丽峰　赵　岩　刘　珊
　　　　马　云

《丁村古村》

著　者：薛林平　王　鑫　戴　祥
　　　　罗腾杰　陈琳汾　钟　成

丛书总序

我曾多次到过山西，这里丰富的历史遗存和深厚的人文底蕴，令人赞叹，给人的印象非常深刻。山西省建设厅张海同志请我为《山西古村镇系列丛书》作个序，在这里我就历史文化遗产和古村镇保护等有关问题谈一些粗浅的想法。

国际经济社会发展的经验证明，一个国家城镇化水平达到30％以后，城镇化进程不断加快，随之出现城市建设的高潮；人均生产总值达到1000～3000美元时，进入经济发展的黄金期，也是多种矛盾的爆发期，这个时期不仅可能引发各种社会矛盾，还会出现许多问题。我国城镇化水平2003年就已经超过了40％，人均生产总值2006年已经超过了2000美元，国民经济快速发展，城镇化进程不断加速；在城市建设日新月异的发展中，中央又审时度势提出了"两个趋势"的科学判断，作出了加强小城镇和新农村建设的决策。过去，我国城市的大批建筑遗存，正是在大搞城市建设中遭到毁灭性破坏。现在，我国农村许多建筑遗产，能否在小城镇和新农村建设中有效保护，正面临着严峻考验。处理好小城镇和新农村建设与古村镇保护的关系，保护祖先留下的非常宝贵、不可再生的文化遗产，是历史赋予我们义不容辞的责任。

对于建筑历史文化遗产的保护，人们的观念不断创新、思路逐步调整、方法正在改进，从注重官府建筑、宗教建筑的保护，向关注平民建筑保护的转变；从注重单体建筑的保护，向关注连同建筑周边环境保护的转变；尤其是近年来，特别关注古村镇的保护。因为，古村镇是区域文化的"细胞"，是一个各种历史文化的综合载体，不仅拥有表现地域、历史和民族风情的民居建筑、街区格局、历史环境、传统风貌等物质文化遗产，还附着居住者的衣食起居、劳动生产、宗教礼仪、民间艺术等非物质文化遗产。我国现存有大量的古村镇，其历史文化价值和社会经济价值都是巨大的，按照英格兰的统计方法，古村镇的价值应占到GDP的30％以上。然而，认识到这一点的人并不多，甚至有人认为古村镇、古建筑是社会发展的绊脚石，这种观点对于文化的传承和社会的进步都是极为不利的。在快速推进的城乡建设浪潮中，我们所面临的最大问题就是，大批历史古迹被毁坏，大批古村镇被过度改造，使中华民族的历史文化遗产严重损坏。在这个时候提出古村镇的保护，实际上是一项带有抢救性的工作。

2008年1月1日开始实施的《城乡规划法》，突出强调了保护历史文化遗产的重要性；2008年4月又颁布了《历史文化名城名镇名村保护条例》。历史文化名城保护工作已开展近30年，历史文化名镇名村保护工作也已启动，现在大家基本达成共识，保护有价值的古村镇，其实就是"保护文化遗产，弘扬优秀的传统文化……保持民族性，体现时代性"。但是，当前全国历史文化村镇保护的形势仍然不容乐观，保护工作极不平衡，一些地方还未认识到整体保护历史文化村镇的重要性，忽视了周边环境风貌和尚未列入文物保护单位的优秀民居的保护，制定和完善保护历史文化村镇规划的任务还十分艰巨；一些地区片面追求经济效益，对历史文化村镇进行无限度、无规划的盲目开发；一些地方擅自改变国有文物保护单位的管理体制，交给企业经营管理。

作为华夏文明的发祥地之一，山西有着丰厚的文化积淀和历史遗存，不仅有数量众多的古建筑，还保存有大量的古村镇。由于山西历史悠久、民族聚居、文化融合、地形差异等多因素影响，再加之较为发达的古代经济，建造了大量反映农耕文明时代、各具特色的古村镇。这些古村镇，一是分布在山西中部汾河流域，以平遥古城为中心，以晋商经济为支撑，体现晋商文化特色；二是分布在晋城境内沁河流域，以阳城县的皇城、润城为中心，以冶炼工业及商贸流通为支撑，体现晋东南文化特色；三是分布在吕梁山区黄河沿岸，以临县碛口古镇为中心，以古代商贸流通、商品集散为支撑，体现晋西北黄土高原文化；四是沿山西省内外长城，在重要边关隘口，留存了防御性村堡，体现边塞风情和边关文化，在山西统称为"三河一关"古村镇。这些朴实生动和极富文化内涵的古村镇，是人类生存聚落的延续，是中国传统建筑的精髓；保存有完整的古街区、大量的古建筑，体现着先人在村镇选址、街区规划、院落布局、建筑构造、装饰技巧等方面的高超水平；真实地反映了农耕文明时代的乡村经济和社会生活，凝聚了劳动人民的智慧，沉淀了中华民族的优秀文化，传承了丰富的历史信息；具有浓郁的地方特色和很高的研究价值，是人类共同的文化遗产和宝贵财富。

山西省建设厅一直对古村镇及其文化遗产的保护非常重视，从2005年开始，对全省的古村镇进行了系统普查，根据普查的初步成果，编辑出版了《山西古村镇》一书；同年，主办了"中国古村镇保护与发展碛口国际研讨会"，并通过了《碛口宣言》。报请省政府下发了《关于历史文化名镇名村保护工作的意见》，并分两批公布了71个"山西省历史文化名镇名村"，其中18处已经成为"中国历史文化名镇名村"。为大部分古村镇制定了科学的保护规划，开展了多层次的保护工作，逐步形成了科学、合理、有效的保护机制。为了不断提高人们的保护意识，他们又组织编写了《山西古村镇系列丛书》。本系列丛书撷取山西有代表性的古村镇，翔实地介绍了其历史文化、选址格局、建筑特色、非物质文化遗产，内容较为丰富。为了完成书稿的写作，课题组多次到现场调查，在村落中居住生活了相当一段时间，积累了大量第一手资料。通过细致的测绘图纸和生动的实物照片，可以看到他们极大的工作热情和辛勤劳动。这套丛书不仅是对古村镇保护工作的反映，更有助于不断增强全社会的文化遗产保护意识。让我们以此为契机，妥善处理保护与发展的关系，做到科学保护、有效传承、永续利用历史文化遗产，不断开创历史文化名镇名村保护工作的新局面。

是为序。

原住房和城乡建设部　副部长

目　录

丛书总序

第一章　追本溯源晋商起，金襄银汾丁村兴 1
　一、丁村概述 2
　二、丁村历史 7
　　　1. 追本溯源 7
　　　2. 商业兴衰 11
　　　3. 家族名人 13

第二章　腰环汾河倚巴岭，巧借风水定乾坤 15
　一、地理环境 16
　二、气候条件 17
　三、整体环境 18
　　　1. 选址分析 18
　　　2. 入口选择 19
　　　3. 单体建筑 20
　　　4. 装饰讲究 22

第三章　穿街引巷识古路，四方城寨知格局 23
　一、总体格局 24
　　　1. 族同形异 25
　　　2. 形同族异 28
　　　3. 重要节点 28
　二、空间肌理 31
　　　1. 外部空间 31
　　　2. 内部空间 32

三、街巷布局 32
　　　　1.路网结构 32
　　　　2.道路分级 34
　　　　3.道路交点 37
　　　　4.街道立面 38
　　四、寨墙寨门 42
第四章　百岁光阴须臾过，几缕青烟古庙存 45
　　一、总体关系 46
　　　　1.空间类型 46
　　　　2.空间形态 47
　　　　3.结构特征 47
　　二、空间节点 48
　　三、公共建筑 52
　　　　1.概述 52
　　　　2.公共建筑布局特色 53
　　　　3.公共建筑单体特色 54
　　　　4.小而美的村落公共空间 60
第五章　高墙大院承一脉，精雕细琢造三绝 61
　　一、居住建筑概述 62
　　　　1.院落布局 62
　　　　2.庭院空间 65
　　　　3.入口空间 67
　　　　4.营造技艺 68
　　　　5.立面特色 70

    6. 形制发展 70
  二、民居赏析 72
    1. 北院院落群 72
    2. 中院院落群 82
    3. 南院 89
    4. 西院院落群 96
    5. 其他院落 98

第六章　木石砖雕皆传神，书画题匾均达意 105
  一、木雕 106
    1. 花板 106
    2. 斗栱 113
    3. 栏杆 115
  二、石雕 115
    1. 柱础 116
    2. 门枕石 118
    3. 拴马石 120
    4. 石马槽 120
  三、砖雕 121
    1. 影壁 121
    2. 墙面砖雕 122
  四、屋顶 124
  五、铺首 127
  六、题字及彩画 131
    1. 匾额 131

2. 楹联 138
　　3. 彩画 139
　七、门窗格扇 141
第七章　土布织就丁村美，家戏传唱百艺精 145
　一、丁村土布 146
　二、家戏文化 147
　三、民间艺术 152
　　1. 剪纸 152
　　2. 花馍 153

附录 157
　附录1：碑文选录 157
　附录2：民俗访谈 165
后记 174

第一章
追本溯源晋商起
金襄银汾丁村兴

一、丁村概述

　　山西，是被誉为"华夏文明摇篮"的炎黄故里，也是被称作"表里山河"[1]的防御要地。在这片土地上，从来不缺少历史的厚重与文明的悠扬，位于山西省临汾市襄汾县的丁村（图1-1），便是二者兼有之处。丁村，因旧石器时代文明遗迹的发掘而声名鹊起，因古朴精美的明清院落、雕饰繁复的民居装饰和传承悠久的民俗文化而令人心驰神往。

　　丁村位于汾河下游地堑的临汾盆地南部，东倚太岳山脉，南附高地土岗，西临汾河且望巴山岭，北卧开阔平展的农田，是一处依山傍水的古老村落。汾河在这里优雅地转了个弯，就像臂膀一样环绕着这片沃壤。得益于汾河的哺育，又有东面太岳山脉的保护，这里也像是一个得到自然母亲特殊宠爱的孩子。从元末明初建村至今数百年来，村子始终保持着安逸闲适的感觉。清晨，伴随着鸟叫虫鸣，村子和这里的人们也渐渐醒来。上了年纪的老人或独自一人，或三五成群，坐在同样历经岁月洗涤的建筑前，静静地晒着懒懒的阳光，聊一聊柴米油盐的日常琐事，宛如遗世独立的桃花源。

　　村落迄今仍保留完整的"四方村落丁字街"格局，主要路网清晰。丁村现存古建筑院落数十座，其中有四十多座被列为文物保护单位，绝大多数为民宅建筑，亦有少量庙宇，多建于明清时期（图1-2～图1-5）。民宅为传统的北方合院式，院落方整，装饰精美细

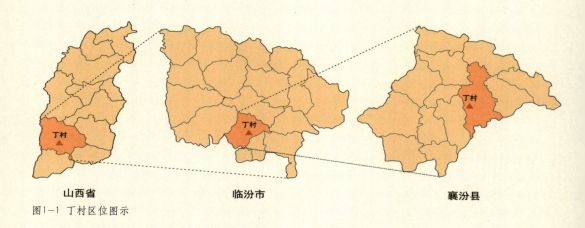

图1-1 丁村区位图示

---

[1] 出自《左传·僖公二十八年》，子犯曰："战也。战而捷，必得诸侯。若其不捷，表里山河，必无害也。"

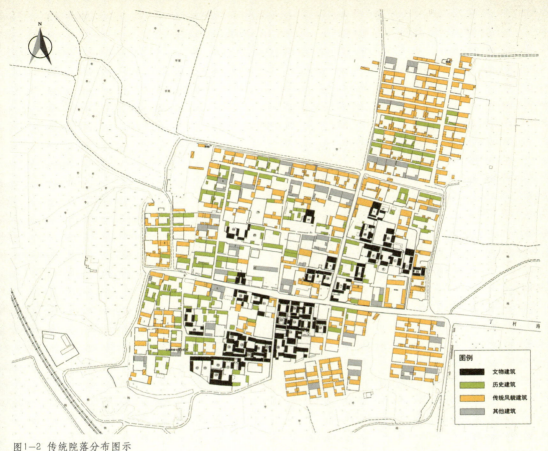

图1-2 传统院落分布图示

致。装饰形式多样，包含木雕、砖雕、石雕和匾额。题材同样丰富，自然、生活、传统瑞兽等皆有涉及。

　　1961年，丁村遗址被公布为全国重点文物保护单位。1988年，丁村民宅被公布为全国重点文物保护单位。2012年，丁村民居以"山陕古民居"（包括丁村古建筑群和党家村古建筑群）列入世界文化遗产预备清单。2012年，丁村入选第一批中国传统村落。2014年，丁村被公布为第六批中国历史文化名村。

丁村 古村 | 山 | 西 | 古 | 村 | 镇 | 系 | 列 | 丛 | 书 |

图1-4 从南侧鸟瞰丁村

二、丁村历史

1. 追本溯源

丁村本是一个杂姓聚居的村落,从现存庙宇的捐修题记和房产地契均可看出。现在被称为丁村,反映了丁氏族人在村落兴起发展过程中发挥过巨大作用。

然而,丁村名称的由来仍是众说纷纭。丁氏十一世孙丁比彭撰修家谱,称:"太邑汾东,有庄曰丁村,余家世居是庄,由来久矣!始于何祖?昉自何朝?余固不得而知也"[1]。如今对丁氏族人的追本溯源,也仅仅可以依据现存家谱和部分建筑构件上的题记。三义庙于明万历年间重修,有题记为建于"大元至正二年"[2],表明它是丁村现存古建筑中年代最早的;之后是"大明嘉靖六年重修"的8号院[3](现存为清雍正九年重建);再接下来是丁翰

---

1 此处及下文相关家谱资料均来源于陶富海先生所著《丁氏家族与丁村》。
2 该题记现仍存于三义庙主梁上。
3 该院为丁凤仓、丁凤骥兄弟所建,院落修建年代查阅自陶富海先生所著《丁氏家族与丁村》。

丁村古村

山|西|古|村|镇|系|列|丛|书

图1-5 从西南侧鸟瞰丁村

卿于万历二十一年所建的3号院和丁诏于万历四十年所建的2号院。其余建筑多为丁氏后裔于清代所营建。

根据家谱记载，丁复为丁村丁氏的始祖，而陶富海先生作了如下推算："（丁复）至丁比彭为十一世，比彭为清乾隆十九年时人（1754年），如按每世30年计，丁复则应生活在明永乐二十二年（1424年）。如以民宅中明嘉靖六年（1527年）重修时上溯100年为其创建年代的话，则为明宣德二年（1427年），与按世推年仅差3年。"[1]明朝建于1368年，而据上文推算，明初丁复已生活在丁村。另外20世纪80年代发掘的丁村三座元代墓葬，墓主人有任姓，有阴姓，但未见有丁姓者[2]。由以上所列资料，我们可以推测，丁氏先祖最早入居丁村的年代应在元末明初。

丁氏在元末明初迁至此地，作为外来户，人丁稀少，势单力薄，从清乾隆十九年家谱中"始祖以一身而兴此户口之繁，非积累之厚，

---

1 引自陶富海《丁氏家族与丁村》，第23页。
2 资料见《考古》1988年第12期，陶富海《山西襄汾县的四座金元时期墓葬》。

何以枝茂流长若斯也！"可以看出。那么丁氏到底是从什么地方迁徙而来？丁比彭所撰家谱中写道："中州襄邑城内以及乡庄，有十余家与余有宗谊之亲，至今称好，其余虽有，并未识面。"可以推测丁村的丁氏，有可能从河南襄城县迁来。而丁氏脉络起源，可以由寿屏[1]上所书 "和翁老先生……派出济阳，世居山右"推测为济阳脉络。此外，襄汾县河西赵堡村丁氏的石碑上写着："……我丁氏，济阳旧藩……"[2]，也说明丁氏是济阳脉络。关于济阳，陶富海先生在书中罗列了如下资料："济阳郡：战国时期为魏国城邑，西汉时期改置为济阳县，治所在今河南省兰考县东北部。济阳县在唐朝初期并入冤句县。晋朝惠帝时期将陈留郡的一部分划出来设置济阳郡，治所在济阳，其时辖地在今河南省兰考县、山东省东明县以及定陶县一带地区，距今河南省正阳县不远。东晋后期晋室南渡后，济阳郡被废黜"。[3]

丁姓的来源，根据史籍来看至少有五支。其中丁氏的第二支来自姜子牙一族，这也是最主要的一支。姜子牙是周代的大功臣，儿子姜伋死后，也被周王追谥为丁公，其子孙便以丁为姓，缅怀先祖曾位尊丁公。史书记载："丁氏，姜姓，齐太公生丁公，支孙以丁为氏。"[4]自从这一支丁姓问世之后，其散居的地盘最广，人数最多。也就是说，千百年来，中国的丁姓大都源自这一世系。这一系的主要发源地，在今山东济阳。姓氏书说"系承姜，望出济阳"，即是证明。而丁村始祖丁复据家谱记载，也是丁公一脉，大系属济阳丁。寿屏说，送屏者有些是襄城人，共七位，其余还有汝州一人，南召一人，保安四人，（襄城）的年家眷四人，武举四人。同时元末长达十余年的战争,使得中原地区兵荒马乱，"中原诸州，元季战争受祸最惨，积骸成丘，居民鲜少"[5]即是对此状况的鲜活描述。而这时山西凭借相对封闭的地理优势，战火并未大面积波及，因此临近省份比如河南省都有大量难民迁往山西寻求庇护与安宁。据此推测，丁村的丁氏很可能是元末明初期从河南襄城县迁来。

---

1 此寿屏为乾隆五十四年民居主人过寿时所得，此处及下文相关寿屏文字资料均来源于陶富海先生所著《丁氏家族与丁村》。
2 石碑资料参考自陶富海《丁氏家族与丁村》，第24页。
3 引自陶富海《丁氏家族与丁村》，第24页。
4 出自《通志·氏族略·以次为氏》，《元和姓纂》。
5 出自《明太宗实录》卷176。

迁来的第一代始祖丁复,在丁村扎下根来,经过多年的发展,逐渐壮大起来,并在明初永宣时期开始营建丁村。又经过了几十年,财力渐积,人丁渐旺,丁氏开始崭露头角,并终成太平县的望族。

2.商业兴衰

丁村丁氏的繁荣,与商业经营活动有着密不可分的关系。而丁氏商人,即浩浩荡荡的晋商中的一支。明朝政权建立后,"开中法"[1]成为晋商兴起的契机。加之山西优越的地理位置——边防九镇[2]中的两个重镇就设在当时山西的大同府和太原府,山西商人捷足先登,依靠贩运粮、棉、草料等军需品以及贩卖食盐,获得巨利并发展起来。当时山西商人的富有被这样形容:"平阳、泽、潞豪商大贾甲天下,非数十万不称富"[3]。清朝晋商发展进入鼎盛时期,不仅将经营项目扩展到铜、木材、烟、皮张、毛毯、玉石、洋布、药品、钟表等货物,而且经营地域从中国走向世界,足迹远布蒙古、俄罗斯、日本。清人何秋涛[4]曾说:"所有恰克图贸易商民,皆晋省人,商民俗尚勤俭,故多获利。"[5] 19世纪,晋商创办"票号",把商业资本和金融资本融为一体,并构筑起金融汇兑网络。清末,晋商随着社会政治经济体制的巨变走向衰落。

在封建中国以农业为中心的传统经济结构中,丁村最初的发展原则也是以农业为本。土地作为农业的资本之一,自然备受重视,丁氏族人也不例外。以丁翰卿一家为例,在明万历至清顺治的几十年内,其长子丁诚不仅在本村购置了100多亩土地,还在汾河两岸的中尉、柴寺等地购置了数十亩[6],总计多达200余亩。次子丁诏,在本村和周围村庄购地数量不及丁诚,但也多达100余亩。四子丁谓除了本村拥有的土地,在外村又置地数十亩。加上祖业原有的土地,仅其一家就拥有土地约800亩。这些足以说明丁氏族人对土地收买和扩充的重视。

---

1 采取以粮食换盐引的办法,利用国家控制的食盐专卖权,鼓励商人把粮食运到边境粮仓,以此换取贩卖食盐的执照——"盐引",即可以从事买卖食盐的生意。
2 明朝政权建立后,为抵御北方少数民族势力的侵扰,采取加修长城等一系列防御措施,在绵延万里的长城边防线上设九镇防守,称为"九边"。
3 语出沈思孝《晋录》,王士性在《广志绎》卷3《江北三省》进行转引。
4 何秋涛,字愿船,清代地理学家。
5 出自《朔方备乘》卷46。
6 引自陶富海《丁氏家族与丁村》,第18页。

随着丁氏家族的发展和人口的增多,经济负担也不断增加。丁比彭说:"至余父辈,脉气渐弱,至余辈愈降愈微,匪惟书香无继,竟至破业糊口者有,四门皆然",足见其窘境。据光绪版《山西通志》记载,乾隆嘉庆时期晋地粮食已不能自给,依赖从外省输入。章学诚也说:"国家生齿浩繁,田畴日辟,农桑本业,人余于地,其不能耕种者不得不逐末谋生,所谓农末相资,古今一也。"[1]当时的经济发展,使包括粮食在内的农产品和其他手工业品均可在市场上买卖交易。而清朝建都北京后为了经济的发展,实际上推行了"恤商""扶商"的政策[2]。生存的压力,对商业宽容的政策,以及发展起来的晋商所展现出的商业利润,促使丁氏族人开始寻求新的发展道路,即从经商开始,逐步走上农官商相结合的道路。丁比彭所说"父殁后,亦弃村中基业一段,约得金四百余,雍正己酉冬携本赀须,赴中州[3]肆商贾业,习货殖事,虽不能效陶朱致富,而所获蝇头,聊自糊口有余。"[4]就是此开端的证明。

丁氏家族中,依靠经商发迹的以西头和南院族人最为典型。西头的丁铭,置地40余亩,算是发端。其孙丁燿,置地百余亩,房屋五十余间,财力已见雄厚。据陶富海先生搜集考证,西头家族经营中药材生意,其商业基地在河南禹州,最早的店号是"泰逢源",资金为11500两纹银。后来,丁燿又分出4500两银子,置办"泰丰怡",即俗称的"广货棚"。他们将名贵中药材贩售至广州、香港,回来时又从那边购买洋货返销内地,获利颇丰。根据"光绪三十四年黄道吉日算账",丁燿连本股和人股,共分得纹银5683两之多。另外,丁燿曾在光绪六年捐职六品州同,而清朝六品官员的年俸为45两白银,由此可见丁氏经商赚取利润之丰厚。

南院丁先登和他的弟弟丁连登合伙经营,他们的商业活动范围以甘肃的宁县和陕西的三原、泾阳为基地向外辐射。两兄弟坐镇丁村"处德堂",外面各地分别由他人负责,主要经营粮油布匹生意。他们的商业沿泾河上至兰州、武威,下至河南、湖北及广州,东至山东聊城,开辟了丁村人对西路的经营[5]。之后丁氏族人凭此向西边进一步发展,将商业扩展到宁夏和青海一带。相对广泛的商路,也树立和巩固了丁家的影响,在民国初年,丁氏

---

1 出自《章学诚遗书》卷24,《湖北通志检存稿一·食货考》,第249页。章学诚(1738~1801年),字实斋,汉族,会稽(今浙江省绍兴市)人。清代著名史学家。
2 郭蕴静:《略论清代商业政策和商业发展》,《史学月刊》1987年第一期。
3 中州是河南省的古称。
4 引自陶富海《丁氏家族与丁村》,87页。
5 陶富海《平阳民俗纵谭》。

族人丁德生担任宁夏平乐县商会会长一事即是证明。

此外，南院丁涵与人合股开了"豫益永"商行，丁珍鳌、丁秀鳌加入了"泰丰怡"，丁振铭加入了"义庆源"。丁村临近的沙女、阎店、伯虞、曲里等村人也纷纷入豫加帮入伙，在禹州组成了"太平帮"。太平帮以尉、王、刘、杨四家为代表[1]，因商帮成员均为太平人而得名，丁氏商人在其中也是有力的一支。丁氏虽然未列入太平帮四大家，但在《襄汾县志》推崇的八大家[2]中榜上有名。太平帮作为晋南地区强有力的商帮，对其他商号也颇有影响。光绪二十四年丁村修缮三义庙时，禹州的同豫公、春茂元、泰昌和、同吉福、忠信德、永泉茂、涌溢源、永泰正等多家商号都捐了银两[3]。

清代是丁氏族人商业最繁盛的时期，其商业足迹遍及河南、山东、陕西、甘肃、宁夏、青海、四川、湖北等省。但是从现存明代住宅来看，在明代北院的丁氏已有一定的财力，不会单单依靠农业活动来获取财产，由此推测丁村丁氏族人的商业活动从明代就开始了。后来直到清末，外国资本主义的入侵和封建势力的压迫，再加上外国入侵与战争，商业一再凋敝，丁氏家族也未能幸免。在动荡的年月中，还有一部分人沾染上了吸食鸦片的恶习，这也加速了丁氏家族商业的衰亡。

3. 家族名人

丁村的丁氏家族，至清乾隆时已分为六支。根据当时的里甲制度，南院为东临里一甲，北院（大门里）、中院、窑顶上为柴尉里六甲，西头和门楼里为柴尉里九甲。谱中也说，"丁氏一庄，宗分脉异，安知其始非一本所衍也！但无谱可稽"。

根据现有资料，北院和中院是近支，始于明初，兴盛于明万历至清道光年间，清末开始衰落。自明初丁复至今，共19世，为丁村丁氏繁族。南院为独立一支，最早记录系明万历四十八年，但兴盛在清道光、咸丰年间，自明万历丁玉恩至今共12世，为丁村丁氏第二繁支。但在民国初年以后就逐渐衰落，一蹶不振。西头则自清嘉庆至民国初年持续发展，20世纪30年代才走下坡路。自清嘉庆丁天培至今，共8世，经济实力较强，但人丁不旺。门

---

1 分别是师庄（赵康）尉家、北柴王家、南高刘家、南赵杨家。
2 即丁村丁家、中安平梁家、南赵杨家、蒙亨毛家、北柴王家、小韩姜家、南高刘家和赵康尉家。
3 见于《重修三义祠碑记》。

楼里在清代雍正、乾隆年间达到鼎盛，但以后越来越不景气，至20世纪30年代，产业基本上卖光了。自明嘉靖丁胜山至清乾隆共8世。今虽仍有后裔，但清乾隆以后，无法连谱，估计应该在13~14世左右。至于窑顶上，人口少而谱系不清，现仅存建于清乾隆和嘉庆年间的院落两座，居住较为分散，现谱仅可上溯4世（表1-1）。

丁村志载人物

表1-1

姓名	记述	文献
丁庄武	字敬一，号次斋，嗣男丁理，享寿七十有余。康熙三十八年己卯科武举人	《太平县志·选举》
丁溪贤	字钓台，号慎庵，嘉庆六年辛酉科举人。由拔贡登贤书，学行兼优，尤沉浸于古文辞，邑中修建祠宇，碑版志序，多所撰记，性耿介，非公事不私谒，游其门者，多知名士	《太平县志·选举》、《太平县志·人物》
丁嘉珍	丁村人，嘉庆六年辛酉科武举人	《太平县志·选举》
丁待诏	字彬亭，丁村人，恩赐检讨，嘉庆五年庚申科恩赐副贡，嘉庆六年辛酉科举人	《太平县志·选举》
丁仕昌	丁村人，附籍陕西宁夏，明万历末年举人，由贡以战功叙录功贡，官监屯同知	《太平县志·选举》
丁鸿图	丁村人，清顺治乙酉科拔贡	《太平县志·选举》
丁世德	字允修，丁村人，府学，乾隆年岁贡，性极孝慈，幼失怙，少继母四岁，事之如生。孝慕真挚，虽耄不衰。仕稷山训导，以终养归。母弟遗孤儿女方齔齓，抚之成人，一时罔不重之	《太平县志·选举》、《太平县志·孝友》
丁洵	丁村人，乾隆甲子科岁贡	《太平县志·选举》
丁世本	岁贡，由贡仕河南长葛县主簿	《太平县志·选举》
丁启悟	丁村人，字星齐，陕西试用典史，保举县丞，加六品衔，赏戴蓝翎	《太平县志·即用》
丁日营	监生，以孙先登州同秩赠儒林郎	《太平县志·封赠》
丁殿清	丁日营之子，监生，以子先登州同秩赠儒林郎	《太平县志·封赠》
丁坤	以孙溪莲州同秩赠宣德郎	《太平县志·封赠》
丁嘉鏞	字金南，丁村人，丁溪莲之父。甫冠失恃，连事二继母，小心柔顺。事父尤谨，一言一动，铭心力行。友于兄，以溪贤嗣焉。重读书，延师隆礼教二子溪贤登贤书……以子莲州同秩赠宣德郎。有年家子赴官，赠百金不求赏。岁馑赈粟钱费六百金，乡人匾其门曰"义举仁声"	《太平县志·孝友》、《太平县志·封赠》
丁诏	丁村人，偶得遗金还之，既又得又还之。或笑以为痴，诏曰："我宁痴耳，他人金其我所应得也？"	《太平县志·义行》
丁琴	丁村人，天性孝友，祗父恭兄，视侄犹子，且敦古行。遇有以急告者，悉解囊周恤无少吝，乡人义之	《太平县志·义行》
丁比彭	字陆仲，少失怙，事继慈极孝。邑令姚开凿汾水，赞襄居多。中年家落，就管鲍业，分利分财，因其衣食者数十家，它若成梁筑堡，义举种种，黎邑令匾曰"士林耆英"	《太平县志·义行》

第二章
腰环汾河倚巴岭
巧借风水定乾坤

一、地理环境

丁村位于襄汾县，东邻浮山、曲沃、翼城，西傍乡宁，南毗曲沃、侯马、新绛，北连尧都区。丁村原为汾城县第二区的一个自然村。1954年襄陵、汾城两县并为一县，丁村归襄汾县管辖。明清时期丁村位于太平县[1]辖区内，属柴尉里和东临里，共占有九甲[2]。

襄汾县东有塔儿山（属太岳山脉），西有姑射山（属吕梁山脉），中为汾河谷槽，山河之间构成了两侧略成梯形的盆状地带，汾河纵贯县境中部。东西山麓逐渐向汾河谷地倾斜，形成东西高、中间低的槽状形态。境内以盆地为主，兼有山区。根据《道光太平县志卷一·兴地志·山川篇》记载："太平隶冀州，姑射峙于西，汾水绕其东郑夹溹。姑射山在县西十五里，自北而南亘抱邑境。"可见，襄汾县县域全境呈两山夹一水、南北长向分布的山间盆地地貌特征（图2-1）。

丁村正处于两山相夹的汾河下游滩涂堆积而成的黄土台地之上。北通毛村，南靠南崖，西望大柴，东穿敬村（图2-2）。丁村北向原是出村的主要方向，南侧的"南崖"为高度不大的黄土岗，沿土岗往南约1公里处汾河的东岸即为著名的丁村遗址[3]；西侧土塬上的大柴村与丁村隔河相望，东侧丁村与敬村相靠，旧时穿过敬村沿古驿道北行通往汾城县城，如今此路拓展变宽，连接国道，成为丁村连通外界的主干道。

丁村周围环境得天独厚：西侧越过铁路涵洞和枣林农田，汾河河流由北向南蜿蜒流淌，途经丁村折而向西继而向东，呈三面环抱的腰带水[4]状；再往西河对岸是高高耸起的"黄土塬"，[5]称为巴山岭，土塬连绵不绝，断面陡立，横亘于河流对岸，是村落西侧的一

---

1 太平县位于临汾盆地南部，汾河中下游的襄汾县境内。北魏时于临汾县北境分设泰平县，北周时期为避周文帝宇文泰名讳改为太平县。
2 里甲制度是明朝的基层组织形式。里甲的编制方法，是每110户编为1里，由丁粮最多的10户担任里长，其余100户则称为甲首。清顺治时期太平县被划分为1坊、5厢、22里。
3 丁村遗址：该遗址位于丁村村庄西南，于1953年被发现，后在考古过程中出土了生活在距今十万年前文化时代属旧石器时代中期的三颗儿童牙齿化石，弥补了我国旧石器中期人类化石的空缺，为研究人类发展提供了重要的科学资料，因此发掘地被称为"丁村遗址"。丁村遗址并非单指一处挖掘点，而是指分布自襄汾县城至柴庄的汾河两岸的一系列出土地点，南北长达11公里。因儿童牙齿化石集中出土一处，此挖掘点即被大家称为"丁村遗址"。1961年，丁村遗址被列为全国重点文物保护单位。
4 腰带水：风水学术语，指穴前横流而过的水，似玉带环腰一样。有水环抱，可使穴地生气凝聚集，为吉穴的必备条件。
5 黄土塬：又称黄土平台、黄土桌状高地。塬是中国西北地区群众对顶面平坦宽阔、周边为沟谷切割的黄土堆积高地的俗称。

道天然屏障，同时也是村落周边一道壮丽雄伟的山川景观。东侧为崇山山脉支脉的延伸处东陉山，层层黄土阶地伴随着流水冲刷切割而成的冲沟一路层层跌落，由高到低，由急到缓，从山顶一直延伸至汾河东岸。南侧跨过村后麦地则为地势不高的黄土岗，土岗气势虽不高大，但可作为村落背后的一面依靠与屏障。北侧为一马平川、平坦开阔的农耕田地，延伸有五六公里，是村落主要的作物生产区，主要种植有小麦与红枣树。独特的地理环境和区位优势，不仅满足了封建社会以小农经济为主导的农民基本生活需要，也展现出一幅钟灵毓秀的村落景观，表现出大自然的鬼斧神工与独特魅力。

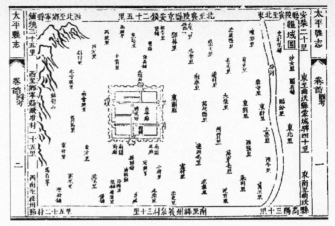

图2-1 《太平县志》中的村域环境

图2-2 丁村的地理位置

二、气候条件

丁村地处暖温带半湿润大陆性季风气候区，春季干燥多风，夏季炎热多雨，秋季温和凉爽，冬季寒冷少雪。道光《太平县志卷一·兴地志·气候篇》记载："六月连雨吃饱饭，七月初暑气尤烈……十月渐寒，立冬日始见冰，木叶不凋正有松柏，十一月十二月寒殊甚，冰壮地冻"。

在夏季，雨季到来，汾河泛滥，盆地地区易形成水患。丁村虽建于离河岸直线距离不足一公里的汾河岸边，但并未受到水灾的影响。究其原因，只因村落建于河岸高高的土台之上，河流正常水位与村落基址的高度差，少则十几米，多则二十米，因此不仅使村民远离水患，也为农田灌溉带来了极大的便利，洪水退去，河底沉积的淤泥增加了土地肥力，不仅为作物的生长提供了不可多得的养分，减少了农民的辛勤劳作，同时汾河的存在也为旧时百姓的出行提供了更多的选择方式，便利的水上交通增强了丁村与外界的沟通与交流。

《管子·乘马第五》中说过："凡立国都，非于大山之下，必于广川之上，高勿近阜，而水用足，下勿近水，而沟防省。"丁村基址虽非国都建设，却是对此原理的充分利用，表现了百姓对自然法则的理解与充分运用，彰显了古代劳动人民的聪明与才智。

三、整体环境

古人凭借传统的认知方式应对整体环境，在村落选址和空间格局方面均有体现。东晋郭璞著有《葬经》，曾言："气乘风则散，界水则止，古人聚之使不散，行之使有止，故谓之风水。"农业社会，上至城都基址，下至黎民房舍，风水堪舆作为对基址选择的评价依据之一，在整体环境的营建过程中发挥了重要作用（图2-3）。丁村绿水相依、群山环抱、藏风聚气，从村落的选址到建筑单体的方位再到房屋细部的装饰，处处体现着这一观念。

1.选址分析

丁村坐北朝南，西侧腰带状的汾河将村庄环抱其中，如青龙盘踞于左；东侧阶梯状的黄土台地层层递升直至东陵山峰顶，如猛虎盘踞其右；后侧高起的黄土岗托住丁村，作为村落的靠山，堪舆中可称为"少祖山"；前侧广袤的农田土地平坦开阔，作为村子的"明

图2-3 传统的整体环境观

堂",加之河床与明堂之间的"案山",村落东南巽方雨水冲刷形成的"水口",如此形成堪舆所称"左有青龙,右有白虎,背有靠山,前有明堂"的空间格局。

2. 入口选择

在入口的选择方面,村落原建于土围墙中,于寨墙东、南、北三向券有寨门,村落西侧为汾河,无外出道路,因此建设之初并没有建门。不过其余三向建设之初虽有寨门,但东侧只券门洞便被封堵,南侧也仅有婚葬嫁娶、迎神社火时作为辅助出入口,出村的主要入口仍仅留北入口一处,这种做法除有加强村落戒备的需要,也有风水堪舆的考虑。

丁村所处地形整体呈东高西低之势。出东口为"鞍子坡"[1],且继续东行为阶梯状层层递升的坡地,具有很强的压迫感,对村落形成倒灌之势,于村不利,因此东侧入口只券了门洞即被封堵起来,只作为村落的辅助入口。此外,本地另有说法称,村西侧寨墙外有"弥陀院",为佛教寺院,其中住有和尚。东侧入口地势较西侧低,村民们每天进出村口,人来人往,寺中的和尚若看到东来的姑娘与之对眼,有伤风化,故而建议不开此门(图2-4)。

除此之外,为拱卫村落世代安全,于村内及村外周围正方及对角八方建设庙宇,且多为风水庙宇或与之相关的庙宇建筑。村北入口外的关帝庙、千手千眼菩萨庙即为典型的风水庙。关帝庙供奉关帝君与真武大帝,两位神祇均有阳刚之气。为了避免通向村域道路过于通畅,因此建设此庙。村南口外有千手千眼菩萨庙,千眼洞察万物,千手法力无边,可阻挡南崖下冲沟的邪气,同时村外所设玉帝庙、娘娘庙、土地庙、龙王庙也同循此理,建造庙宇以祈愿上苍保佑村庄风调雨顺,百姓平安幸福。

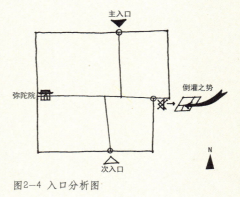

图2-4 入口分析图

---

1 鞍子坡:因坡地的地形形状如同骑马所用的鞍子,当地人俗称为"鞍子坡"。

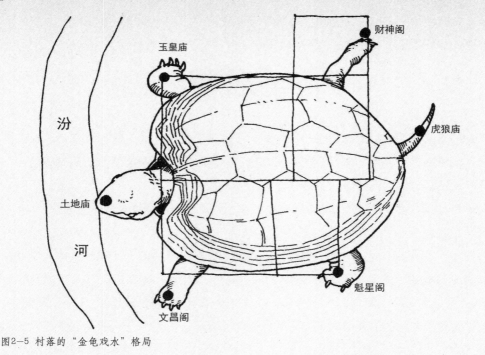

图2-5 村落的"金龟戏水"格局

整体而言，村落形象地以落于村落四角的玉皇庙、财神阁、魁星阁、文昌阁为足，以东西两端虎狼庙与土地庙为首尾，加以西侧汾河，组成"金龟戏水"的空间格局，寄托着丁村人祈求平安长久的美好愿望（图2-5）。

3.单体建筑

在单体住宅的平面布局方面，院落采用合院的组合形式，以三合院和四合院为主。根据统计分析，村落各住宅根据建房位置朝向等因素，对入口的选择十分考究。

通过对现存的明代至民国被列为保护单位的40处民居建筑统计分析，住宅宅门朝向共有六种形式：坎宅巽门、坎宅离门、坎宅震门、坎宅兑门、艮宅坤门、离宅坎门，以其中保存完整的院落作为考量标准，其中以开于宅之东南方和正南方的住宅为多（图2-6～图2-8）。

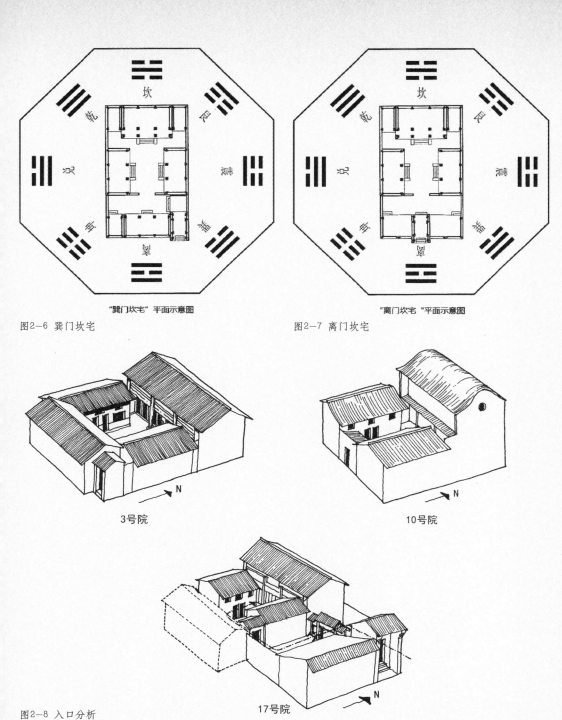

图2-6 巽门坎宅

图2-7 离门坎宅

图2-8 入口分析

4. 装饰讲究

房屋屋脊两端装饰有龙头，具有驱凶辟邪、去灾镇火之意。丁村民宅多以木为骨架，外包土坯或砌砖形成外围护结构，火灾往往是古建筑最大的安全隐患。于是，旧时人们在戗脊、角脊上饰以鸱吻来镇火驱邪。只是丁村屋脊两端的吻兽形态上并非常见的龙头鱼身、兽头朝内，作张口吞脊状的鸱吻，而是龙头各自朝外，怒目圆睁，独具一格。

第三章
穿街引巷识古路
四方城寨知格局

一、总体格局

丁村整体东高西低，沿东南、西北长向分布。因村域东南侧毗邻敬村，故缺损一角，呈类方形。根据《丁村族谱》记载，在清乾隆十九年（1754年）"庄城三角俱正，独缺东南，以当初筑城时为敬村地亩，故未筑入，至今未补"。随着村中居民人数不断增加，村落经济发展和耕地面积的扩增，村落布局不断向外侧拓展延伸，居民在原始村落边界的外围修建新式民居，向北、向西和东南方向不断延伸建设，加之旧时城墙坍圮，村落格局也由原先的封闭状态转变为开放状态。

整个村落以原始寨墙为分界线，分为内外两部分，以寨墙内部建筑群为村落主体。寨墙内以位于丁村中部的观音庙为中心，由一条连通外部主干道的东西向主街（村民称之为"庙前街"）和两条南北走向道路（村民分别称之"南门巷""北门巷"）划分为四部分。按照其所处方位、现存古建筑建造年代分布以及各区域之间的宗族关系，分别称之为"北院""中院""南院"和"西北院"（图3-1）。

其中北院是丁村发展最早的区域，始建于元末明初；中院始建于明初，兴盛于明万历至清道光年间，此区域与北院出于同宗；南院为独立一支，有记录的最早的建筑年代为万历四十八年（1620年），该区域兴盛于道光、咸丰年间；西北院保留建筑较少，自嘉庆至民国初年持续发展。

寨墙外部区域建筑为现代新建建筑，主要分布于寨墙外北、西、南三处。在1970年代左右，村落北侧和西侧开始建设发展，至1990年代左右，村落南侧开始建设发展，建筑样式较内部建筑更为新颖。

寨墙内外区域的建筑分布情况也具有不同的空间特征。通过分析比较，可将其空间特征分别概括为"族同形异"与"形同族异"。

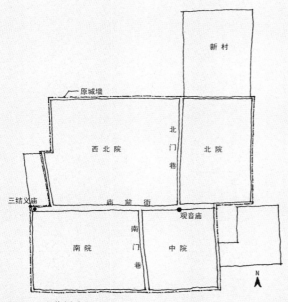

图3-1 院落划分图

1. 族同形异

　　分布于北院、中院和南院的建筑布局方式，是以血缘为纽带，以家族为基本单位，以空间上一点出发，按照宗族传代的先后顺序，人力物力的现实状况以及不同建筑功能的分配方式，不断向外部空间发展壮大，形成一个较大的建筑群体。建筑形态上各有差异，功能上丰富多样，布局方式并无事先的发展规划，只是建设者或居住者在血脉上具有同根性，这就是所说的"族同形异"。

　　（1）北院（图3-2）

　　丁村族谱中对以2号、3号、4号和30号院为群组的建筑组块有如此描述："……余支旧有老院四所，书院一处，前后左右相连，俱系卿祖置。翰卿祖生高祖辈史第四人，析居时各授全院一所，卿祖与老祖妣二人独居书院，以终余年。长房伯祖诚分东北院一所，……，后诚祖于伊居旧院东边相连建新院一所，四面皆廊。……二房伯高祖诏分东南

图3-2　北院格局

院一所，……诏祖亦于伊居旧院东边相连建新院一所，东西北三面有廊，南面开建中门，门外又建南房三间，窑一眼，小楼一座。……三房高祖谦分西北老院祖宅一处，……高祖谓分西边旧院一所，……高祖于东南方创建窑院一所，坐东朝西，前后两进，又于旧院前相连建新院一所，西面口。"以中间四座核心院落，周围围以1、24、38、5、6、7号院落，通过跨院和侧门向四周发散发展。平面组织形式自由松散，祖院与新建院落尊卑有序，形成一个较为开放的建筑群落。

(2) 中院 (图3-3)

中院以建于清雍正元年(1723年)的19号院为中心，12号、13号、11号、14号和10号院向两侧和南侧不断发展。中院与北院院落布局稍有不同，或因中院所处地块较为局限，抑或因建房者对空间的特殊安排，各院落左右排列紧密，南北对齐，院落之间通过侧门、甬道和跨院相互连接，初次进入若非有人导引或有较强的方向感，很容易迷失于其中。整个建筑群落俨然一个大家族，各院落之间虽出同族，但也各分其家。

图3-3 中院格局

(3) 南院（图3-4）

南院的空间组合方式与北院中院的组合方式又不同：以院落局部聚集的组块和单一家族的建筑群体为组成元素，通过房屋和道路连接组成南院的整个空间区域，各小区块内部根据宗族内部辈分长幼和建房时间的先后，由中心向两侧发展或者通过一人建成功能空间相互协调的建筑群组。

根据丁村南院十六世孙丁学良所著《东临人家》可知，现保留15号院为清乾隆二十年（1755年）重修房屋，据此推测其始建时期早于与其毗邻的建于明万历时期的16号院，而建于清咸丰五年（1855年）的26号院又以两院的前后位差，借势修建北房和西房，形成前后宗族继承的结构区块；而17号、18号、39号、25号、37号院则是丁村捐职州同丁先登以一人之力，根据不同功能需求建成的一个封闭完整又相互贯通的深宅大院，加之东口处的家庙和巷门院，以23号院和门前的南院胡同作为连接通道，形成了南院整个的聚落空间。

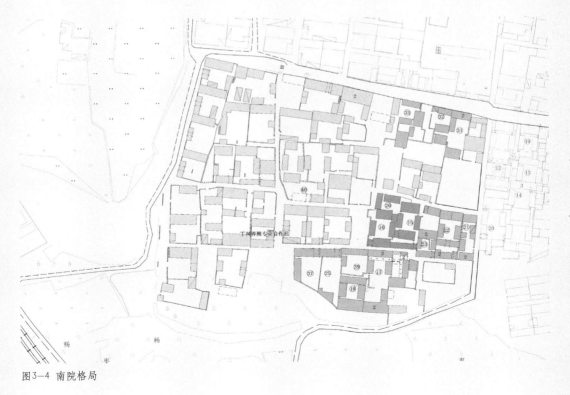

图3-4 南院格局

2. 形同族异

分布于寨墙外的建筑群整齐划一，建筑形式如同复刻一般，房屋与房屋之间排列紧密，即使屋脊相互搭接也并非同宗同族，甚至是不同姓氏的人家。另外，建筑功能单一，现代的建筑房屋多只用来居住并无多余的功能用房，而内部的古建筑除普通的用于主人居住的房屋还有客房院、车马院、场院等多种功能用房，建筑的发展形式具有其自发性和生长性，两者在空间上具有截然不同的空间形态。这种建筑形式雷同，但无亲缘关系的建筑特征称之为"形同族异"（图3–5）。

3. 重要节点

在除村落住宅主体的空间特征外，全村以三结义庙为中心，庙前交汇处东西北三向原

图3–5 寨墙外格局

设有牌坊三座，如今已被拆毁。交汇处南侧与西北院和北门巷交汇处原各有"涝池"水塘一方，在雨季可快速排出村落内地表水，防止内涝，蓄水防洪，如今仅剩北门巷交汇处这一处。交汇处北侧和三义庙前两处村落重要的公共空间原设水井两口，如今也已废弃，位于庙前的枯井已被填埋，仅保留交汇口处的枯井作为游客旅游参观的景点。

村落外部空间上（结合村内部几处公共节点），鼎盛时期原有大小公共建筑共17处（南、北、东北、东南各1处，西北、正东及村落中心各2处，村西3处，西南4处）（表3-1）。由于年久失修加之战争损毁和人为拆毁，如今仅剩村西头、西南、南端和村中心四处建筑。除这17处公共建筑外，原建有属侯家家族的望月塔一座和村东外的四明碑一座。望月塔[1]位于村西头侯家胡同内，砖塔9层，巍峨高耸，加之位于其东南侧的圆形泊池，以塔为笔，以池为砚，做"文峰塔"之意，祈愿侯家高中头魁，多出能人志士。四明碑[2]建于村东门外路北，为丁村商人丁先登为纪念其祖父德行修建的纪念亭。

公共空间除公共建筑物外还建有两处公共活动空间：一处位于村落入口处，村东口东西向主街南侧，作为停车场兼村民休闲娱乐的活动场地，场地南端建有戏台一座；另一处处于南门巷中段，路西侧，建有石亭一座和现代的公共卫生间，供村民与游客停留休憩之用。

最后两处公共用房位于村内，极大地占用了村内部的用地空间：一处是位于村东口，与停车场隔街相望的丁村文化博物馆的办公用地；另一处则是位于南门巷与府前街交汇处的府前街北侧，原为丁村小学，现改为村居委会的办公用地。

如此，整个丁村内部的人居环境，连同村落周围的农田枣林等自然要素，共同组成了丁村聚落（图3-6）。

公共建筑统计表 表3-1

三结义庙（现存）	位于村西，坐西朝东，初建于元代至正二年（1342年），小三间，前侧为廊，廊下有水井一眼，后半部为堂，堂后砌砖台，塑有刘备、关羽、张飞像，名曰"三结义庙"
观音庙（现存）	观音庙位于村中心泊池边，坐南朝北，明万历三十三年（1605年）建，殿内，观音大师驾坐莲台，两旁哪吒、善财侍奉。两壁上下悬塑五层，描述孙悟空西游取经及天宫故事

---

1 位于侯家胡同西北方，建于乾隆年间，八角九层。塔内有环砌砖阶可以绕行登顶。自二层起每层均于四面开门，可以逐层四望。
2 原碑亭四面敞亮，没有封闭，故世人称其为"四明碑"，以别于一般的封闭式碑亭。

续表

三慈庵 （现存）	三慈庵位于村西南角，坐南向北，始建不详，但在嘉庆十三年（1808年）重修过一次，有举人丁溪贤所撰的重修碑文为证。现存有献厅与大殿连体建筑三间，殿内曾塑有观音、文殊、普贤三位菩萨，名曰"三慈庵"
弥陀院 （已毁）	位于村西寨墙外，坐北向南，明代中期建。前后两进，后殿三间，内塑如来佛坐像。毁于20世纪40年代
千手千眼 菩萨庙 （现存）	位于村南，原南门外，坐南向北，建于明末。清康熙五十五年（1716年）重修，道光二十九年（1849年）重修时，换为石柱，并建八字墙。庙内塑像早已不存，现塑像为新塑像
大庙 （已毁）	位于村中心，坐北向南，二进，前面有插廊庙门，门前有石凳一对；北有献殿，殿内存放木刻神像娘娘、龙王等。毁于20世纪60年代
关帝庙 （已毁）	位于北门外，建造年代不详，坐北向南，三进院。庙门三间，插廊，廊下竖石碑数通。前院有献殿，依次为关帝殿三间，正面塑关羽像，两旁塑关平抱剑、周仓挂刀，再后是寝宫，三间窑洞，无塑像。毁于20世纪60年代
玉皇庙 （已毁）	位于村西北，独院三间
龙王庙 （已毁）	位于村西北汾河边高崖上，一间
娘娘庙 （已毁）	位于三慈庵背后寨墙之外，建于一方形高台之上，三间，前为院落，满栽柏树。20世纪80年代基址尚存，后拆除
文昌阁 （已毁）	位于娘娘庙后西南高崖上，一间，有石柱为廊
狼虎庙 （已毁）	位于东门外路北，一间，内有塑像，一手按狼一手按虎
真武庙 （已毁）	位于东门外路南，三间，院内原有三株大柏树
土地庙 （已毁）	位于弥陀院西边，一间，内塑一不足一米的小土地爷。此庙新中国成立后不存
财神阁 （已毁）	位于村东北，两层，下层为台基，中间券门洞，上建一间小庙，内供财神，故曰财神阁
魁星阁 （已毁）	位于村东南崖边上，建于清康熙年间。二层，下层为土台基，上建一六角尖顶阁，内塑魁星点斗
姑姑庙 （已毁）	位于村西南寨墙外菜地水井边，建于民国年间，小房一间

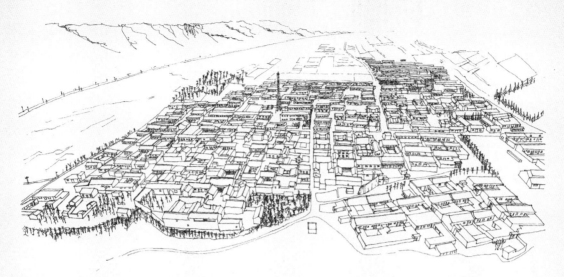

图3-6 鸟瞰图

二、空间肌理

从丁村上空的航拍图观察分析,整个村落外整内乱,外齐内散。丁村村落的空间格局可分为两大部分:寨墙外部的空间肌理特征;寨墙内部古村落的空间肌理特征(图3-7)。下面从这两个方面对丁村进行空间分析(图3-8)。

1. 外部空间

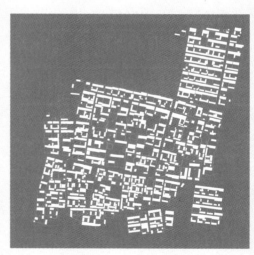

图3-7 空间肌理

(1)建筑单体之间呈条状横线排列,形成线性的局部空间特征。

(2)局部的线性空间,通过近似平行与垂直交叉的道路将房屋整齐排布,形成高度统一和均质化的几何空间。

(3)内部空间与外部空间之间简洁干脆,少有过渡,边界特征明显。

(4)区域内部为水泥硬质铺装,少有绿色植被覆盖。

2. 内部空间

（1）内部空间通过东西和南北两条不同等级、不同长度道路，将整个内部区域分割成形态大小各异的四部分，形态自由多样。

（2）组成区域内部肌理的结构单元为团块状建筑组并非建筑单体，且组成各组的团块形态丰富，自由活泼。

（3）串联各团块的道路形态曲折，宽窄长短不一，或直或曲，或为十字形或为丁字形，因此组成多样性的建筑空间与建筑节点。

（4）各个局部空间之间具有多样的停留休憩空间和节点空间，过渡自然，相互咬合、相互嵌套，因此与周围环境较好地融为一体。

（5）整个区域内部绿色植被较多，屋顶颜色统一为黑褐色，自由中又具有统一的整体性，视觉感受舒适自然。

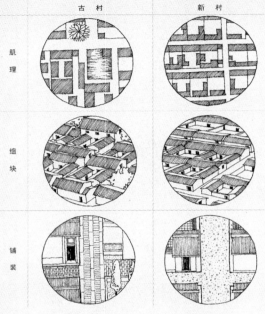

图3-8 空间肌理对比分析图

三、街巷布局

1. 路网结构

丁村的路网结构框架主要由一条东西走向的主街（府前街）、两条通往南北的主巷（南门巷、北门巷）和一条沿寨墙外侧环绕全村的车马道组成（图3-9）。

主街和主巷将整个村落划分为四个区域，形成了大小形态不一的分支区域；沿寨墙的车马道将村域古建筑群落与现代建筑区块分隔开来，形成了新旧对比的两片区域，同时也区分了不同时代条件影响下所形成的不同路网结构和空间组织形态。

图3-9 道路分级

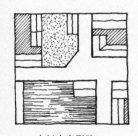
古村十字形路口

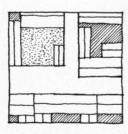
古村丁字形路口

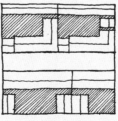
新村一字形路口

新村十字形路口

图3-10 路网节点分析图

在村域主体框架道路的基础之上，各区域内部进一步划分出属于自身区块的主干道，与村域主干道相互连接，最后与连通各家各户门前小道和房屋间的狭窄胡同共同组成整个村落最为密集的毛细关系网。

新旧不同的建筑片区展现出不同建筑形态，同时也形成了不同的道路形态和连接方式（图3-10）。

（1）古村落内部道路整体上形态多样、尺度多样化，道路多弯曲转折，因建筑自身所处地理方位不同而自由变化，道路或通或堵，各道路形成自身所独有的标志性与独特韵味。道路为丁字形或十字形分布，以丁字形道路居多。各条道路转折或交会处多有休息停留的庭院或种有绿植的空地出现，使整个村落的结构更加富有节奏和韵律感。

（2）外部的新式建筑布局不再沿袭内部古代建筑的布局方式，道路横平竖直，十字交叉，尺度统一，方向平行，长短大体一致，与其他现代村落的建筑布局形式雷同。各道路交叉点多为直角转折，少有过渡空间的考虑，因此略显单调和乏味。

2. 道路分级

通过前面对丁村路网结构的简要介绍，结合道路的尺度大小、与重要公共空间的连接关系以及人流量的大小将道路划分为三级（图3-11）：

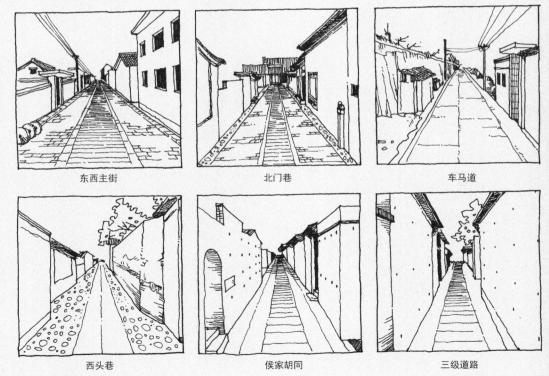

东西主街　　　　　　北门巷　　　　　　车马道

西头巷　　　　　　侯家胡同　　　　　　三级道路

图3-11 道路等级分析图

一级：主干道，道路与外界连接，为主要的出入道路，连接村内主要的公共建筑及活动空间。

二级：各片区内部的主要干道，部分连接公共空间，与主干道相连，进一步细化区块内部空间。

三级：连接村落内部各门户，包括但不仅限于门前小道、房屋前后胡同、左右过道等。

（1）一级道路

如东西主街（府前街）。丁村最为重要的道路要数从东侧村口进入的东西向主街，当地人过去称这条街道为"府前街"。主街将整个村落一分为二，西至村西节点三结义庙，东至丁村东口，与外界通往丁村的村级道路以及108国道相通，道路尺度最大。道路两旁立面整洁完整，高低错落的立面轮廓，岁月侵蚀留下的泛黄砖墙都清晰可见。漫步其间，一幅古朴寂静的村落图便活灵活现地展现在眼前。同时这条长街也是村中最为繁华的商业长廊，有丁村非物质文化遗产丁村土布的制作工坊、商铺和农家乐饭庄，同时丁村民俗博物馆旅游区以及博物馆工作站和村委会大院也分列于道路两旁，道路两侧分别连接南门巷和北门巷，因此从东头的村口步行穿过这条道路到达村西头的三结义庙，整个丁村的面貌便知晓多半，可见这条道路对于整个丁村的重要性（图3-12）。

图3-12 东西主街透视图

如南门巷、北门巷。南门巷和北门巷分别连接原村落南口和北口，是仅次于东西主街（府前街）的村级干道。

北门巷通往北口，原是丁村出村最主要出口。旧时东门封堵，东上出走古驿道的村民需要绕城墙转到东口，然后继续东行北上至汾城县城。北门外街北侧原建有两进关帝庙一座，进出丁村的人流络绎不绝，关帝庙香火旺盛，因此北门巷旧时也是十分重要的一条村路，同时出村口继续北上还可到达邻村毛村。

南门巷通往村南口，相对于北门巷地位和重要性略低一些，由于其通往村落的南向入口，同时又划分了中院与南院两大地块，因此符合村级道路这一地位。南门巷道路的尺度相对北门巷要窄，路南头寨门内原有一磨坊牛院和一小片空间，农闲时节村民磨面碾谷相聚此处，家长里短盘坐交谈，因此也是一处重要的交流场所。另外门外建千手千眼菩萨庙一座，南门口虽然作为村落的一处辅助入口，但由于上香祈福的村民往来不断，因此此道路在整个村落路网中有不可或缺的地位。

如车马道。车马道即沿原寨墙外围，供进出丁村的村民和车马轮车行进的回形道路，同时连接各村入口。如今寨墙已毁，寨门已拆，但是道路的功能依旧保留。只是现今的车马道在原先轨迹上稍作修改，西侧寨墙外三结义庙北侧的道路因新建筑的增加向外扩展一段，其余段道路则保持不变。此道路除了发挥连接空间的功能之外，还起到划分空间的作用。道路内侧为古村落的原有村域，外侧为20世纪60年代后新建区域，内外两侧道路结构不同，建筑风貌也呈现出迥然不同的特点。因此，此车马道无论是旧时还是现在，都是划分空间的重要分界线，作为整个村域的第一级道路。

（2）二级道路

二级道路较一级道路数量更多，有些区域道路也并无确切统一的名称，只是作为村民区分各条道路的俗称，因此不作一一赘述，仅列举几处较为明确的道路进行分析（图3-13、图3-14）。

如西头巷。西头巷位于南院西头，是南院区域内道路等级最高、尺度最宽的道路。北侧与三结义庙相邻，三结义庙前空间和三结义庙是丁村重要的活动空间和建筑，巷北段与其相连；南侧连接两条次要道路张家胡同和南院胡同，南院胡同两端建有巷门。此胡同是南巷居民群落中最重要的一条，胡同的两侧分布有两个建筑群落，一个是以16号院（连接15、26号院）为主院的建筑群，一个是以17号院（连接18、39、25、37号院）为主院组成的建筑群，两大建筑群落的西侧入口就是西头巷的南端，因此是整个南院胡同最为重要的主干道。

如侯家胡同。侯家胡同位于西北院的西头,是西北院中道路等级最高的道路。侯家胡同的南端与东西向的主街直接相连,胡同旁建有圆形涝池一方,村民称之为"泊池"。同时在胡同中部通向西北院的祠堂,因此侯家胡同外联村级干道,内接域内公共空间,是西北院内的一级道路,整个村路网中的二级道路。

(3) 三级道路

三级道路即道路网中的最后一级道路,通往村域内外每家每户的门前小道,院墙与院墙的窄道,以及人为踩踏出来的土路都属于此。道路分布最多最广,是保证整个道路网结构完整充实的最后一步。

图3-13 某二级道路1

3.道路交点

丁村道路的交点形态从丁村整个村域分为两大类:一是以寨墙内原始村落形成的自由杂乱状态,特点是种类多、数量大、尺度多样;二是以寨墙外新建房屋形成的规整状态,特点是种类少、量少、尺度统一。

寨墙外围新建的道路以十字道

图3-14 某二级道路2

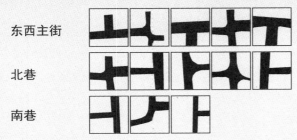

东西主街

北巷

南巷

图3-15 道路交点分析图

路为主,部分区域新建房屋数量较少,不能形成较大的群落,因此形成竖向排列的丁字形布局。道路横平竖直,十字交叉,主次道路尺度分明,且道路交点处为直角区域,并无过渡性空间。

寨墙内的古村落道路以丁字形道路为主,另外由于房屋形式的多样自由分布,导致道路交点形态也多样,另有转角、丁字和复合型,交点的尺度或宽或窄,尺度多样,且数量众多,多因房屋的自由布置而形成自由街道,较大的街道交点处也会形成过渡性的休憩或景观过渡空间(图3-15)。

古村落内部道路多为丁字形的缘由,因文献记载较少,主要通过村民访谈和田野调查进行总结,包括三方面要素:

首先,可以辅助村落整体环境的营建。无论村落基址选择还是宅基地选择,讲求"藏风聚气",道路不能过于通畅,上下贯通,否则财气福气保留不住,而呈丁字形就会起到一定的阻挡作用。

其次,具有防御性特征。村落本就具有防御外贼、躲避战乱的空间诉求,而防御措施也应延伸到村落内部,丁字形道路视觉不通畅,走在其中不会让人一览无余,有利于防御。

再次,表达"人丁兴旺"之愿景,希望村落借此积聚人气,人丁兴旺、子孙满堂,这种通过具体的物质形式寄托美好愿望的方法,是古代百姓最为常用的手法。

4.街道立面

街道共有四个立面:前立面、后立面和左右立面。

丁村的院落单体和组合院落,为北方传统的合院形式——三合院与四合院以及相互组合的院落群体,具有左右对称的结构特点,在此讨论的是整个街巷立面形态特征,因此排除个别立面特殊情况的影响,从前、后、侧(左或右)三个方面对街道立面进行讨论。立面主要从立面形态、组合元素、立面肌理、色彩等几方面分析(图3-16、图3-17)。

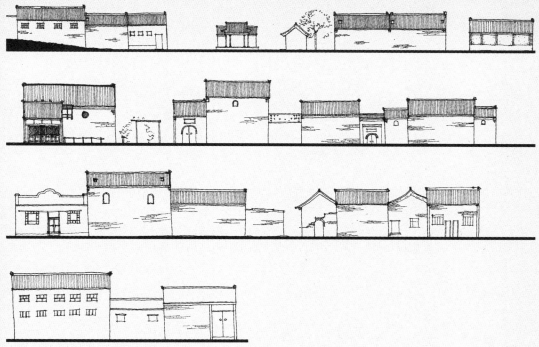

图3-16 东西街立面图

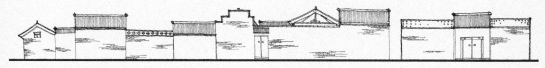

图3-17 南门巷立面图

(1) 前立面（图3-18）

立面形态：街道整体立面形态由三合院与四合院作为立面的基本组成单位组合形成，首先分析基本组成单位的分类形态。

三合院：

①宅门与院墙：宅门高于院墙，组成凸字形的顶部轮廓线。

②宅门与院墙、厢房侧面：两侧厢房人字形屋顶高于院墙，宅门也高于院墙，宅门与厢房相夹的院墙形成锯齿波浪形轮廓线。

四合院：

①宅门与倒座高度相同，形成一字形轮廓。

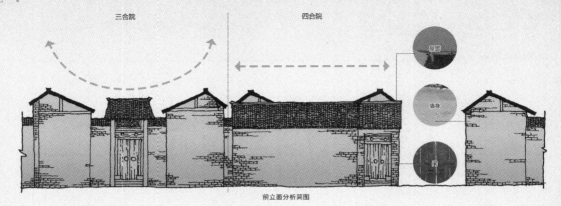

图3-18 前立面分析图

②宅门为二层高的门楼,与倒座后墙高度有高差,形成凸字形轮廓。门与墙相互组合,门为虚、墙为实,虚实结合形成强烈的立面对比关系;连体的院落之间以胡同口作为整条街道连线的断点;加之院与院之间在竖向形成高低错落的轮廓线,因此前立面是街道立面形态中最为丰富的一种。

组合元素:屋顶、墙身(院墙和房后墙)、门。

立面肌理:屋面的小青瓦层层叠压组成鱼鳞状的大屋顶,勾缝密实的青砖形成光滑细腻的墙身,纹理粗糙敦实的大理石形成墙身底部的墙基,门洞处门扇以铆钉铁质门或木质门扇为主,不同部位不同的肌理质感,各部分层次清晰明确。

建筑色彩:顶部屋面为黑色,墙身泛黄,墙脚为青,由上到下为三段式色彩构成。且墙身由黄渐变为青,青色的墙基为雨水反溅,墙体暴露出青砖的原本色彩;上部墙身泛黄,为时间流逝、经年累月被侵蚀产生化学反应后形成的颜色,由青渐褪为黄,整个立面色彩沉着古朴。

(2) 后立面(图3-19)

立面形态:三合院和四合院的后立面大多为高大的北房后墙,不同院落之间也因建筑规格的不同有不同的高差,少有厢房侧立面与院墙院门,其顶部凹凸轮廓线较前立面更为平整;少许的后墙上方开有透光的小窗,开窗的房屋多为现代新式建筑,封闭高大的墙面与开口窄小的窗户在整个后墙立面上形成强烈的光影对比。

组合元素:屋顶、墙身、窗户。

立面肌理:肌理与前立面大致相同,而且没有入口的添加,更为封闭,其立面由上到下形成水平的三段式结构，与色彩相互协调，立面更加纯粹统一。

建筑色彩：色彩同前立面，水平的三段式，整体街道沉稳敦实。

（3）侧立面（图3-20）

立面形态：三合院与四合院具有相同的立面特征，人字形的屋顶侧立面与一字形的屋顶立面相间分布，单体院落北高南低，中间有胡同间隔，因此整个立面轮廓呈锯齿状。

组合元素：屋顶、墙身。

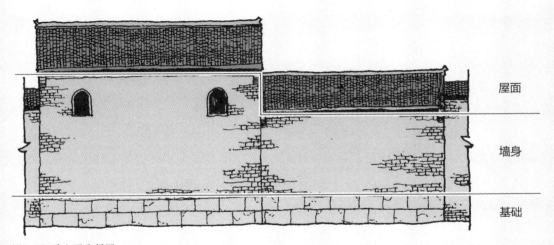

图3-19 后立面分析图

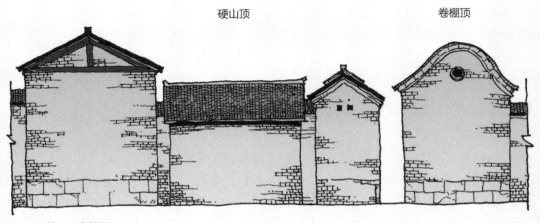

图3-20 侧立面分析图

立面肌理：厢房形成的屋顶侧面与前后立面的描述相同；而屋脊形成的三角形屋顶侧立面与下端墙身截然不同，主要依屋顶形式分为两种——歇山顶和硬山顶。

歇山顶：顶为木质结构，组成结构骨架的红漆木材裸露于墙体之外，具有很强的结构性，上下两段截然不同。

硬山顶：顶侧面与山墙齐平，材质为青砖，从侧面看仅见多条砖砌檐板线脚，整个侧面浑然一体。

建筑色彩：除厢房上部黑色的屋顶立面和歇山顶檐板、框架柱的红色线条，整个侧立面均为泛黄的色彩，浑然一体。

四、寨墙寨门

明代末年，农民起义烽火从陕西蔓延至晋、豫、甘等地，农民军王嘉胤部驻扎在侯马、阳城，往来于阳城、沁水、翼城、太平和襄陵县，沿途抢掠富户。为保护财产和人身安全，各村纷纷修起寨墙，保卫村镇。清《太平县志》中曾记载"太平县西北诸乡，如古城镇、尉村、中黄、西安、西姚、盘道等十余村庄，庐舍俱烬，尸骨横铺……""明季寇警，知县魏公韩劝百姓筑堡自卫，于是各村落有堡者十之七八矣。有备无患，岂不赖良有司哉。"

丁村寨墙建起后不曾遭受侵袭，这主要得益于丁村周围特殊的地理环境。丁村南北各有一条深沟，南称"敬村沟"，北称"解村沟"，南北沟渠阻断，形成较为封闭的区域；西侧汾河切断道路，隔河又被巴山岭阻隔；东侧北上的古驿道平面低于周围塬面，步行其中难以看到周围情况，如此造就了丁村相对封闭的世外环境，使丁村在战乱中得以自保。

丁村寨墙，当地人称之为"城墙"。丁比彭在《丁氏宗谱》中记载："此城始于明崇祯戊辰年，落成于崇祯癸未，余家现有筑城簿记可考。"

寨墙从东西北三面围合，东南一侧未修筑寨墙，形成一个豁口，因此丁村城墙变成一个"三角俱正，唯缺东南"的梯形城防。因东南侧为邻村敬村地亩，为避免产生土地纠纷所以不曾修建寨墙。残缺的城防边界如何防御外敌，保护丁村村落、确保村民安全？原来村东南侧村域与其后侧边界有数丈的高差，人们将低处坡下的沙土取走，使东南侧形成一个陡立的峭壁。这样高起的台地不仅解决了村域界限问题，而且借助自然之势形成了完整

图3-21 寨墙寨门示意图

的防御屏障（图3-21）。

　　寨墙墙体厚实，上窄下宽，内外收分，断面呈等腰梯形，上沿宽约1米，下沿宽约3米，高度约为5米。所用材料就地取材，采用当地黄土逐层夯筑而成。寨墙上东西北三向各开有一城门：北侧出北门过关帝庙通往邻村毛村；南侧出南门过千手千眼菩萨庙通向娘娘庙；东侧出东门一路向东穿过敬村，沿古驿道北上到达汾城县城；西侧为汾河，无通往外界道路，因此没有设置出口。然而出东门道路为上坡路，呈倒灌之势于村不利，券子门洞即被封堵起来，因此仅剩南北两个出入口设有寨门。

　　寨门正上方各有一个阁楼式的城门楼，北门匾额曰"向都山"，南门匾额曰"宅明都"。"寨门上下两层，下层为青砖砌筑的方墩，方墩上沿与寨墙的顶部基本齐平，贴墙内侧有台阶上去；中间为拱券门洞，考虑车马进出，门洞宽约2.5～3.5米，进深6米；上层为一座单开间的木构硬山门楼，朝寨外一面做木棂扇门窗，朝内是青砖后檐墙。寨楼内供奉护寨菩萨，百姓常来祷告。寨门门板厚实，有十几厘米，内侧有门闩、门杠和门链，防御性很强。门洞墙内有龛，为晚间放照明灯用，还有一套窑，专供看门人居

住。"（李秋香所著《丁村》）（图3-22、图3-23）。

　　民国时期，寨墙再无防御之用，经过雨水冲刷，加之百姓私拆寨门墙砖，私挖寨墙，时至今日寨门只保有北门门洞残垣可观，寨墙仅北侧保存较为完整，东西两侧仅保留片段，南侧则基本消失殆尽，只留有原村南口西侧小一块高起土堆，到此丁村寨墙再不见当年铜墙铁壁之雄壮。

图3-22 寨墙寨门

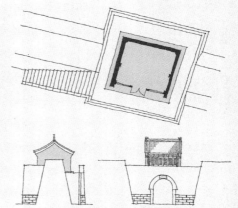

图3-23 寨门平立剖测绘图

第四章
百岁光阴须臾过
几缕青烟古庙存

山|西|古|村|镇|系|列|丛|书

一、总体关系

1. 空间类型

公共空间，狭义上是指那些供百姓日常生活和社会生活公共使用的室外及室内空间，包括庙宇、祠堂、戏台、场院、井台等休憩空间。这些空间可以使进入的人们广泛参与交流和互动。在村落中，公共空间的形态和位置，不仅体现了人们对公共空间的需求选择，也体现了村落人群的空间流动和聚集情况（图4-1）。

（1）庙宇空间

庙宇建筑是人们进行节日祭祀，表达自身对神灵的崇拜以祈求神灵保佑、供奉神灵的场所。这种来源于原始多神崇拜，经过宗教文化渗透的神灵崇拜在汉民族的文化心理结构中占有重要的地位。特别是身处战乱年代，出于对美好生活的希冀，庙宇建筑的规模和数量则更甚，丁村中庙宇建筑先后建有17座，可见此种建筑对百姓的重要性。

（2）祠堂空间

祠堂是儒家祭祀祖先或先贤的场所，是宗族礼制的中心，是本族子弟集会、表达对先祖的崇敬之意和处理族内日常事务的场所。祠堂是族人意识凝聚的物化中心，对于族内子弟团结一致和本族群体意识的强化具有不可或缺的作用。丁村原有祠堂4所，经战乱和人为毁坏后，如今仅剩1处。

（3）戏台、场院、井台等空间

这种以休憩娱乐为主要功能的世俗空间，在村

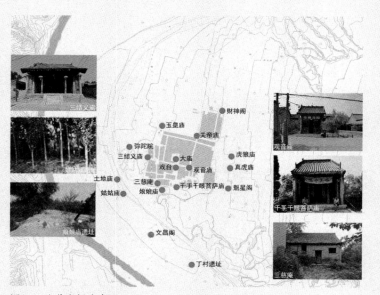

图4-1 公共空间分布图

庙宇空间　　　　　祠堂空间　　　　　戏台空间

图4-2 公共空间类型图示

落中分布最广、数量最多，为百姓提供听曲取乐、农忙劳作、停留攀谈等功能，组成村落公共空间体系的主体（图4-2）。

2. 空间形态

整个公共空间的平面分布形态以寨墙为界限，分为寨外和寨内两部分。

（1）寨墙外共有13处以礼神建筑为中心的公共空间，作为村落活动空间的延伸，包括寺院、庙宇、楼阁等建筑形式。

整体上以散点的形式分布于村落四周，分布形态均匀分散，分布主要按照建筑功能所表达的精神需求而确定，因此虽然分布形态无序，却有其内在的核心规则。例如：主宰文运，保佑百姓科举取第的"魁星阁"，魁阁乃巽阁，为八卦中巽位，代表风，位于东南方；北侧主寨门外"关帝庙"，武圣关帝关羽英勇神武，具有万夫不当之勇，置于寨门处有驱邪避恶、治病除灾、保村庄一方平安之意。其他空间的分布依据大抵如此，这里不一一列举，仅在图中标识，如今这13处建筑仅剩村南口1处。

（2）寨墙内分别有4处以庙宇为中心和4处以祠堂为中心的礼神建筑空间。8处公共空间组成整个村落内部的空间识别点，或称"节点空间"。

3. 结构特征

可以分为旧结构和新结构。旧结构的特征如下：

（1）以4处庙宇建筑为主体节点，南北村口2处建筑为起末点，以东西主街（府前街）

和南北门巷为线,点线结合,以点串线,组成村落结构的主干框架,4个主体点分别位于线的交点、转折处和端点。

(2) 以4处祠堂建筑为次要节点,辅助构成主体框架,分布于主线中部,主次节点穿插结合,加强村落的结构性。

(3) 戏台、场院、井台等小节点根据百姓的需求在建筑群中散点分布,且大多与庙宇和祠堂空间相结合。

如今,这8处公共空间中,庙宇建筑仅留3处,祠堂建筑仅剩1处,且祠堂不再发挥公共空间的作用。丁村原有的公共空间形态发生变化,外围延伸空间消失,整个丁村形成以东侧村口为起点,东西主街(府前街)和南门巷为线串联起的公共空间框架。

新结构的特征如下:

(1) 村入口处新建村落活动场地及新式戏台,形成整个村落最大的公共空间。

(2) 村中心的火神庙公共空间转变为村民居委会,空间功能发生转化。

(3) 保留下的庙宇建筑的公共空间作用弱化。

(4) 南门巷中部新增休憩的公共空间。

(5) 东西主街北侧公共建筑的消失造成整个村落北部的框架结构作用缺失,仅保留南侧的公共空间骨架。

二、空间节点

1.地点:村东侧入口处,东西主街(府前街)南侧(图4-3)。

分析:进入丁村的第一处空间节点,面积最大,南头新建戏台一座;西侧新建仿古建筑一排,作为旅游产业开发后的公共服务空间;东侧建篮球场等体育活动器械,北侧邻街,街对面为丁村博物馆(原丁村文化工作站)行政单位。

现状与行为活动:由于丁村旅游文化产业未进行充分开发,且建筑为新建不久,因此空地暂时闲置或作为停车场使用。

2.地点:东西主街(府前街)中段,主街与北门巷交叉口处(图4-4)。

分析:进入丁村的第二处空间节点,原丁村村落最为重要的空间节点之一,因处于两大主干道的交会处,至今依然是整个村落最为热闹的公共空间。空间中以立于邻街南侧的

"观音堂"为中心，西侧下挖"泊池"[1]一方，池后以观景楼为屏，街北巷西侧建有井台一座，上覆井棚，另外交会口东、西、北三条路口处原各有石牌坊一座，形成丁字形的公共空间。

图4-3 空间节点1

现状与行为活动：此空间原为丁氏族人节日聚会的场所。原观音堂前前来祭拜上香的百姓络绎不绝，涝池作为村民日常洗涮、牲畜饮水之用。如今，观音堂与井台作为游客参观之用，泊池干涸，此空间仅作为村民一日劳作后休憩攀谈、短暂停留之用。

3. 地点：东西主街（府前街）中段，主街与南门巷交叉口处（图4-5）。

分析：此空间原有火神庙和戏台一座。火神庙，百姓俗称"大庙"，坐落于街北侧，

图4-4 空间节点2

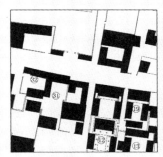 

图4-5 空间节点3

坐北向南，单进四合院落；戏台坐落于街南侧，三开间；旧时百姓落座于火神庙前门廊石凳之上，观看南侧戏台表演。这里是逢年过节村民的活动中心。此交会点与观音堂交会点组成村落内部相互对称的两个空间节点。

---

1 泊池：当地村民也称之为"天池"，原为蓄积雨水防城内涝而挖掘的涝池。水池南北长20米，东西宽15米，深约2～3米。此天池与原村西头侯家胡同口处的天池共同组成丁村的防洪系统。因西头处天池被填埋建房，因此仅剩此一处。

图4-6 空间节点4

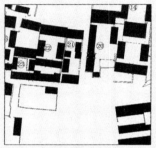

图4-7 空间节点5

现状与行为分析：20世纪60年代火神庙被拆除，"文革"时期戏台被拆除，后火神庙变为丁村小学场地，如今小学搬迁变为丁村居委会的办公用地，南侧戏台拆除后变为小商铺，不再是百姓共享的公共空间。

4．地点：南门巷中部西侧，南院内部道路交叉口处，原南院祠堂（21号院）后侧（图4-6）。

分析：提供短暂停留休憩的新建公共空间，西侧建仿古公共卫生间一座，南侧建石亭，周围环以绿草铺地。

现状与行为分析：因旅游业态不发达和村民以往的行为习惯，少有人驻步停留，但却是村中不可多得的寂静之处。

5．地点：南门巷南头端点，原村南门口处（图4-7）。

分析：千手千眼菩萨庙一座，坐南朝北，正对南门巷，北侧邻原南院祠堂（21号院）。此处原为丁村人出走南门的缓冲空间，向外出走环寨墙的大车道，也是人群流动聚集较大的公共空间。

现状与行为分析：菩萨庙作为旅游景点之一，不再发挥原有功能，南院祠堂转变为私人住宅，通往东西两侧的大车道不再发挥村级公路的作用，仅做通常的村内道路使用，因此此处公共空间的作用被极大弱化，仅作为南院三两村民停留攀谈的处所。

6．地点：南院西头巷与南院胡同交会处（图4-8）。

分析：此处南院人称为"阁底下"[1]，东南侧建有三慈庵一座。三慈庵三开间，坐南朝

---

[1] 阁底下：此处交叉口处原建有两层高的过街楼，过街楼称为"阁"，因而被村民称为"阁底下"。

北，庵东侧原建有偏室一座，庵后为高耸的土崖；北侧西头巷与南院胡同交叉口处原建有过街楼¹一座，紧贴过街楼南侧建有戏台²一座。戏台坐北朝南，与三慈庵相对，为酬神所建，也作为表演皮影戏的小戏台，称作"过路灯影"；另外，西侧为牛院及打麦场，过街楼西北侧建有水井一口。整个公共空间位于南院内部的交汇点处，是集祈福、劳作、汲水、娱乐于一体的综合公共活动，因此是整个南院空间最为重要的组成部分。

图4-8 空间节点6

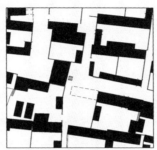 

图4-9 空间节点7

现状与行为分析：除三慈庵建筑保存外，其余建筑均已不存，周围杂草丛生，已成荒废之地，仅作为两条道路交会处的过渡空间。

7. 地点：东西主街（府前街）的西头，主街与西头巷的交会处（图4-9）。

分析：此处建有丁村最早公共建筑三结义庙一座。三结义庙坐西朝东，面阔三间，与村东入口相对，庙前廊下建有水井一口，道路沿庙墙北侧继续向西延伸通往村后，南侧与西头巷相连。

现状与行为分析：三结义庙作为村落西头节点，与进村入口道路相对，是整个丁村村落特征的空间识别点，因无视线遮挡，虽不再发挥原有祭拜的功能作用，却是丁村旅游开发中最为重要的公共空间节点之一。

---

1 过街楼：《重修三慈殿碑记》称之为"享亭"，建于嘉庆十三年（1808年），下有十字形通道，由南侧台阶登阁，阁东、西、北三面开窗，阁顶三面覆瓦，碑记中记有"享亭特建，孔道四通"。
2 戏台：戏台三开间，面阔3米多，进深2米多，台基约一人多高，中间有甬道供人通过，上覆木盖板。台基上两根廊柱下垫鼓础石，主次间额枋及挂落上均有彩绘，台基通砖砌造，重檐上覆筒瓦，屋脊为蟠龙屋脊。

三、公共建筑

1. 概述

公共建筑是地方传统文化和习俗最直接的反映。作为以居住为主的村落，丁村的公共建筑多为庙宇。据《丁氏家族与丁村》记载，丁村的庙宇建筑有三结义庙、观音庙、千手千眼菩萨庙、三慈庵、弥陀院、大庙、关帝庙、玉皇庙、龙王庙、娘娘庙、文昌阁、狼虎爷庙、真武庙、土地庙、财神阁、魁星阁、姑姑庙，以及一座望月塔。

这些建筑大部分建于明末清初，以三结义庙历史最为悠久。而如今，丁村仅存四座庙宇，其中三结义庙、观音庙、千手千眼菩萨庙的保存情况较好，与丁村民宅一起被列为全国文物保护单位，而三慈庵损坏较为严重（表4-1、表4-2）。

丁村现存公共建筑一览表　　　　　　　　　　　　　　　　表4-1

名称	坐落地点	始建年代	礼教类型
三结义庙	村内主要街道西侧尽头	元至正二年	人物崇拜
观音庙	村中心泊池东北角	明万历三十三年	佛教
千手千眼菩萨庙	村原南寨门外	明末	佛教
三慈庵	村西南角	不详	佛教

丁村已毁公共建筑一览表（依据《丁氏家族与丁村》整理）　　表4-2

名称	坐落地点	始建年代	礼教类型	建筑规模及变迁
弥陀院	村西寨墙外	明代中期	佛教	前后二进，后殿三间，内塑如来佛坐像。20世纪40年代，日军为维护同蒲铁路交通，将后院西房改建为碉堡，为解决燃料问题陆续将前院和后殿拆毁，作木柴烧
大庙	村中心，现村委会处	不详	道教	坐北朝南，前后二进，前有插廊庙门，门前有石凳一对，北有献殿，殿内存放神像娘娘、龙王等，后院厢房内供马王神像，正殿内神像无考。大庙于20世纪60年代拆毁。大庙对面路南有戏台一座，坐南向北，于20世纪80年代拆毁

续表

名称	坐落地点	始建年代	礼教类型	建筑规模及变迁
关帝庙	村北寨门外	不详	人物崇拜	村人习惯称为"老爷庙",坐北向南,庙门三间,插廊,廊下竖石碑数通。前院为关帝殿三间,明间塑关羽像,两次间为关平抱剑、周仓拄刀,后院寝宫为窑洞,无塑像。毁于20世纪60年代
玉皇庙	村西北	不详	道教	三间独院
龙王庙	村西北汾河边高崖上	不详	道教	单间建筑
娘娘庙	三慈庵南侧寨墙外	不详	道教	建于一方形高台之上,三间,前为院落,满载柏树。20世纪80年代基址尚存,后拆除
文昌阁	娘娘庙西南高崖上	不详	道教	单间建筑
狼虎爷庙	村东门外路北	不详	道教	单间建筑
真武庙	村东门外路南	不详	道教	三间独院
土地庙	弥陀院西	不详	道教	单间建筑,内塑不足一米的小土地爷。新中国成立后已不存
财神阁	村东北	不详	道教	两层,下层为台基,中间券门洞,上建一间小庙,内供财神
魁星阁	村东南崖边	清康熙年间	道教	由丁世德等建,两层,下层为土台基,上建一六角尖顶阁,内塑魁星点斗
姑姑庙	村西南寨墙外	民国年间	道教	单间小房,据传村人弓武烈买南院的小鞋柜,柜里夹带"金活",因此发财,盖了一座院子(即29号院),又盖一间姑姑庙以报神灵
望月塔	村内侯家胡同西北	清乾隆年间	风水	八角九层,塔内有环砌砖阶可以绕登顶层。自二层起每层均于四面开门,可以逐层四望。此塔于抗日战争期间由侯姓人拆毁,据传是为换"洋烟"

2.公共建筑布局特色

丁村作为一个自然生长的村落,其公共建筑零星散布在寨墙内外,无集中的组团布置。寨墙内的庙宇建筑,多分布于主要道路的尽端,作为道路的重要对景,这样的布局突显了庙宇建筑的仪式感。同时,丁村作为小型的村落,道路较短,视线易穿出村落,较难

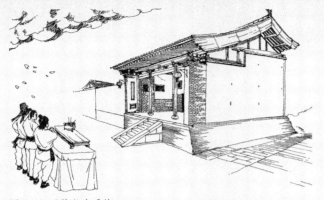

图4-10 三结义庙手绘

形成内向型的聚集感,而公共建筑置于道路尽端阻挡视线,则加强了村落的内聚感。寨墙外的庙宇建筑,布局则相对零散,部分正对寨门布置,同样作为道路的对景,其余部分则大多依据丁村周边地势,选址在村落附近的断崖边,但皆已毁,无从考证。

从庙宇建筑的祭祀对象来看,丁村则是一个道教、佛教及人物崇拜多元宗教共存的村落。与大部分村落一样,普通村民往往对鬼神充满敬畏与依赖。这主要古代村民面对各种人为灾难、自然灾害或是突如其来的好事时,本身掌握的知识和技能不足以应对面临的各种灾难,或是无法解释遇到好事的原因,为了逃避困难或者是寻求一种心理的平衡,开始建造庙宇、祭祀鬼神。相传姑姑庙的建造便是因为村人弓武烈买了南院的小鞋柜,发现柜里夹带黄金而发财,面对这突如其来的好事,便盖一间姑姑庙以报神灵。

最为特殊的庙宇为三结义庙,坐落在丁村中央东西向主要街道的最西侧,坐西向东,面向丁村最主要的寨门。据传在丁村建立之初,有三族人聚居在此,借桃园三结义的典故,对天盟誓,有苦同受,有难同当,有福同享,族人建三结义庙象征村人相互团结,亲如兄弟。"桃园三结义"代表着仁、忠、义俱全的中国伦理道德的至高至佳境界,也是传统文化和价值观的代表,它具有一种极强的凝聚力,也是最初丁村得以发展、村民能够团结的动力(图4-10)。

3.公共建筑单体特色

作为居住功能为主的村落,丁村公共建筑的形制较为简单,以独座建筑为多,不设院落,功能亦较为简单,在17座庙宇建筑中,其中12座为独座建筑,仅大庙、弥陀院、关帝庙3座为三开间两进的院落,玉皇庙、真武庙2座为三开间独院,现存的4座庙宇建筑亦为独座建筑。

虽然丁村现存的公共建筑较少,但也反映了公共建筑单体的明显特征(图4-11):

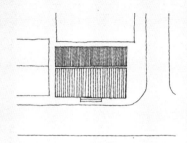

图4-11 公共建筑单体特征分析图

（1）公共建筑朝向以面向道路布置为原则，不遵循坐南朝北的规律，尤其是在村落内部及寨墙周边。

（2）多数公共建筑的体量小于民居建筑，且以单开间居多，也有小三开间的，例如三结义庙、千手千眼菩萨庙等，但次间都较为狭小，故建筑体量仍会小于三开间的民居建筑。

（3）在庙宇建筑的正面，多设有较深的檐廊，并在两侧设撇山影壁，这是丁村庙宇建筑与民居最大的区别之处。推测是因此类庙宇建筑无院落组织，则采用檐廊来取代部分院落功能，作为庙宇建筑的公共部分，作为祭祀空间及戏台使用。

① 三结义庙

三结义庙位于丁村主要街道西侧尽头，坐西朝东（图4-12），位于一座5级砖砌台基之上，面阔三间，进深五檩，殿前设檐廊，可作戏台使用，通面阔约7米，通进深约9.5米，为悬山顶式建筑（图4-13）。据《重修三结义殿碑记》记载："是殿也，创始于大元至正二年，重修于明季万历丁酉。"可知三结义庙始建于元代至正二年（1342年），再据《丁氏家族与丁村》记载，在明万历丁酉年（1597年）、万历三十八年（1610年）、清顺治十三年（1656年）、康熙五十七年（1718年）、光绪二十四年（1898年）均有过维修。最终于20世纪80年代，由丁村文化站再次维修，直到如今。

三结义庙前檐廊下现存5朵斗栱，选

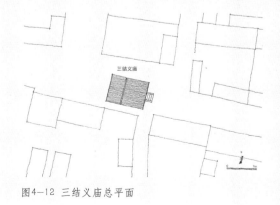

图4-12 三结义庙总平面

图4-13 三结义庙正面

图4-14 三结义庙檐廊全景

材粗犷，装饰简单，保留了元代建筑特征（图4-14）。檐廊左右各设一座撇山影壁，上有一幅石刻对联，北为"精忠贯日月"，南为"浩气凌云霄"（图4-15、图4-16）。檐廊下现存碑记5块，嵌于墙内，分别为《重建三结义庙并金粧》《顺治十三年重修三结义庙碑记》《重修三结义庙碑记》《重修三义祠碑记》《重建三结义殿碑记》。此外，廊下有一口古井，现已填实。在三结义庙正门匾额处，现有题字"义重桃园"，点明此庙的主旨。

　　三结义庙内现存刘备、关羽、张飞像，为近代重塑。两侧墙上有雍正及光绪年间的题字及彩画，对研究晋南古代壁画具有一定的意义（图4-17~图4-21）。殿内顶部主梁题字"峕大元至正二年岁次壬午三月吉日创建　皇明万历二十五年岁在丁酉十月既望吉时重修为首人丁守资、侯天爵等祈保□合庄吉祥□谨志"。

图4-15 三结义庙
檐廊撇山影壁(南)

图4-16 三结义庙
檐廊撇山影壁(北)

图4-17 三结义庙内梁架

图4-18 三结义庙顶梁题字

图4-19 三结义庙内现状雕塑

图4-20 三结义庙内壁画（南）

图4-21 三结义庙内壁画（北）

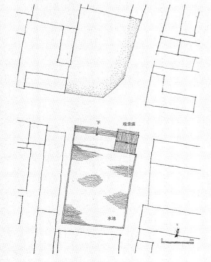

图4-22 观音庙总平面

②观音庙

观音庙位于丁村中心泊池东北角，坐南朝北，现存为单间悬山顶式建筑，平面近方形，面阔约4.3米（图4-22）。据《丁氏家族与丁村》记载，观音庙于明万历三十三年（1605年）修建，清乾隆五十六年（1791年）四月十一日卯时改建。至20世纪60年代，因村内道路扩建，拆毁观音庙正门及塑像，仅存后殿，即今日的观音庙。

庙内空间狭小，观音像为近代重塑，殿顶作方格顶，主梁题字"明万历三十三年三月创建 大清乾隆五十六年四月十一日卯时改建伏愿阖庄吉祥如意"（图4-23～图4-25）。

③千手千眼菩萨庙

千手千眼菩萨庙位于丁村原南寨门外的断崖边，坐南朝北，面向寨门而建）。主体建筑位于两级砖砌台基之上，面阔三间，进深三檩，前设檐廊，通面阔约4.5米，通进深约7.5米，为悬山顶式建筑（图4-26、图4-27）。据《丁氏家族与丁村》记载："千手千眼菩萨庙建于明末，清康熙五十五年重修，道光二十九年重修时，换为石柱，并建了八字墙……此庙20世纪80年代西壁及后壁已经坍塌，由丁村文化工作站重修如旧。庙内塑像早已不存，现塑像是1996年丁村民俗博物馆请北高一村泥塑艺人梁小树所塑。"

④三慈庵

三慈庵位于丁村西南角的断崖边，坐南朝北，面阔三间，进深三檩，并在前设檐廊，平面近方形，通面阔约7.5米，为硬山顶式建筑（图4-28）。据《丁氏家族与丁村》记载："三慈庵创建年代不详，但在嘉庆十三年重修过一次，有举人丁溪贤所撰的重

图4-23 观音庙正面全景

图4-24 观音庙梁架彩绘

图4-25 观音庙殿内顶面

图4-26 千手千眼菩萨庙正面

修碑文为证。"

三慈庵现仅存大殿及檐廊,保存状况不佳(图4-29、图4-30)。檐廊前立面近年来被砖填实,内做储藏室所用,大殿原有立面仅存梢间墙面,明间大门已不存。殿内曾塑有观音、文殊、普贤三位菩萨,故名"三慈庵",现塑像皆已不存。殿内墙上皆为壁画,南墙上三幅,其上的"忠""公"二字格外醒目(图4-31),正中有一处采光窗,疑为后凿,壁画稍有破坏。东西墙上各有一大一小两幅壁画,小壁画为两位门神画像(图4-32、图4-33),大壁画东为白虎图(图4-34),西侧被一扇窗所破坏,只见祥云图案,推测为青龙图。

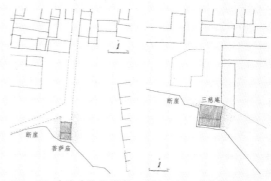

图4-27 千手千眼菩萨庙总平面　图4-28 三慈庵总平面

图4-29 三慈庵正面现状

图4-30 三慈庵大殿梁架

图4-31 三慈庵南墙壁画

图4-32 三慈庵门神壁画（东）

图4-33 三慈庵门神壁画（西）

图4-34 三慈庵白虎壁画

4.小而美的村落公共空间

  丁村规模不大，其庙宇建筑的亮点不在气派，而体现在小而美，并且融入日常生活的味道。多数庙宇建筑，例如三结义庙、千手千眼菩萨庙以及三慈庵，在大殿前均设置较深的檐廊，在祭祀时，能起到献殿的作用；同时，也是碑文的放置空间。而这檐廊下的一些设施布置，例如水井、座椅等，却更像是一个公共生活空间。

  最具代表性的是三结义庙檐廊下的那口井。井是中国古代农耕时期生活中的重要元素，是各家各户取水的重要手段，多数人家会在此相遇，而井边往往会成为人们闲聊之地。丁村的三结义庙檐廊下的井，设置在台基之上，看似不合理，但檐廊空间无疑给人们提供了一个等待和闲聊的空间，而庙内的塑像也无时无刻不提醒村人结义的精神信仰。这种布置方式，让庙宇空间发挥更多作用，也让信仰融入生活。在千手千眼菩萨庙前的两条石凳，也能体现生活性。菩萨庙原位于寨门前，寨门作为进出村落的节点，总少不了约人同行的等待或盼望归人的等待，而这两条石凳恰好满足了这种等待需求。

第五章
高墙大院承一脉
精雕细琢造三绝

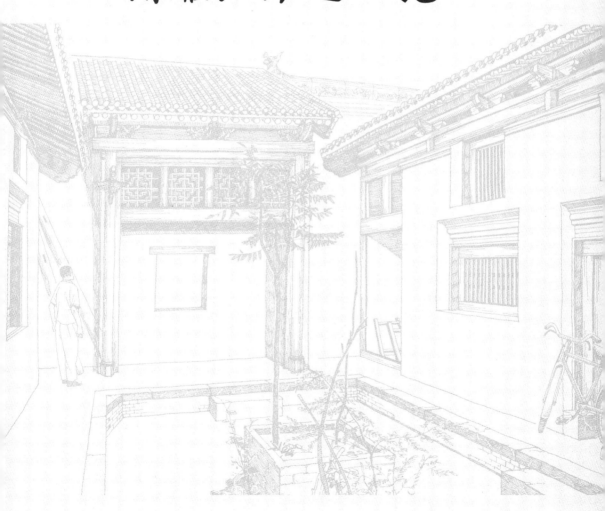

一、居住建筑概述

丁村的古建筑群保存完整，包含民居、庙宇、家祠、观景楼、道路、涝池，其中居住建筑（民居）是村中现存古建筑中数量最多，同时也是最为基本的重要部分。丁村民居的兴建，与明清时期晋商的发展兴盛密不可分（图5-1）。

1. 院落布局

整个村落由东西主街和南北两条主巷划分为四部分，各部分在时间轴线和家族聚居分布上都呈现出一定的延续性，因此大致按照年代的先后顺序将村落划分为北院、中院、南院和西北院四部分，北院按照家族和姓氏又划分为大门里、窑顶上和西头三部分。北主巷、南主巷和主街东头各有一个村口，主街西头则因汾河横断，道路戛然而止，外无道路通行，因此不设村落出入口，只保有正东、正南、正北三个入口。

丁村如今仅剩村西头、南端、西南角和村中心各一处公共建筑。东、西、北三路口原有石牌坊各一座，如今也被拆毁。三路交会处设庙宇一处，旁边保有"涝池"水塘一方，方便雨季村落内多余地表水快速流出，防止形成内涝，作蓄水防洪之用。雨后，村中百姓妇女于堂前洗衣攀谈，加之庙宇前祭祀求拜的百姓，熙熙攘攘，人流穿行其中，因而此处也成了整个村落最重要的公共中心点。除此之外，另有4处公共空间，分别位于村东入口、西头和南侧庙宇建筑前以及南主巷中部的道路交叉口处。道路对整个村落的团块切分，团块内部以家族为单位的组织细分，以及公共建筑在村落中的点形分布，使整个村域串联流通，组成村落空间体系。

大部分院落以血缘关系为纽带，呈组团布局（图5-2）。北院发展最早，始于元末明初，核心院落多为明代建造，宅院主人属丁翰卿一支。2号院是北院的祖宅院，北院群组的发展兴建便是以之为中心。一条幽曲的巷道连接1号、2号院，一座作为菜园的跨院连接了2号、30号院。

中院始建于明初，明万历年间至清道光年间是中院最为兴盛的时期。但中院现存宅院多为清雍正、乾隆年间所建，当时的建院人丁衔武、丁坤，是北院丁翰卿同宗兄弟丁松清的子孙。中院院落群组现作为丁村民俗博物馆展馆，大都保存完好。除了院落间原本相互连通的小巷和侧门，为了创出更好的参观路线，又对某些原本不连通的地方进行了改

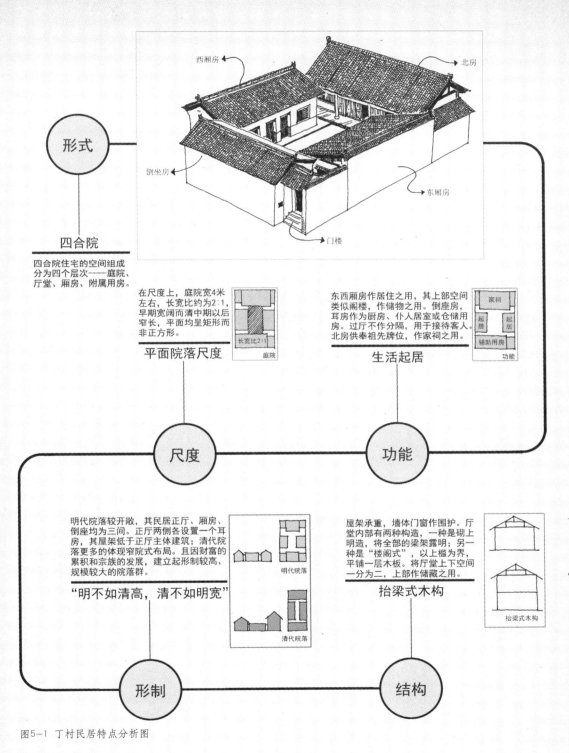

图5-1 丁村民居特点分析图

| 山 | 西 | 古 | 村 | 镇 | 系 | 列 | 丛 | 书 |

图5-2 丁村历史院落分布图

建。如今11号、12号、13号、14号、19号、20号院可以完全连成一个互通的整体。11号院是中院里的祖宅之一，也是最为重要的院子，其他院落在其西边展开排布，而它的东边是涝池和观景楼。11号院和有观景楼的10号院由一条狭小的巷道相连。观景楼北面即涝池，涝池边有观音庙和一处广场，但如今只有观音庙被保留下来而广场不复存在。大众集会的公共空间总会在聚落中保有向心性和地理位置的重要性，这也在一定程度上反映出与之毗邻的11号院的地位。

南院最早出现在文献记录中的时间是万历四十八年（1620年），谱系属于独立一支，其兴盛于道光、咸丰年间。从平面上来看，现存院落被两条南北向的道路和三条东西向的道路分为三组。每组中院落都东西相邻，排列规整。院落南北直临街巷，无其他公共或过渡空间。

　　西院发展较晚，但却自嘉庆年间至民国初年持续发展。如今的古建筑中仅有三座院落零散地分布在西院，整体格局已难于辨析。

2.庭院空间

　　丁村地处晋南，有着典型的北方气候——冬季寒冷，风沙较大；夏季雨量较少，冬夏两季差异明显，故其庭院形式为广泛存在于我国北方的合院式民居庭院空间。

　　一个庭院空间，组成它的要素可分为围合要素和景观要素两大类。围合要素中，建筑单体、院墙、地面铺装是最为基本的三个元素。在垂直方向上，房屋和院墙的高度是最主要的界定因素，它以近乎三倍于人的尺度，将内与外明显分隔开来，确保了院落应有的内向性和私密性。在水平方向上，院落有明显的主轴线并呈对称。院落沿着南北向的主轴线顺势铺开，长方形的庭院，使方位感更加明确。庭院长宽比一般为1.5～2:1，在这种比例下，院落会有良好的采光，能保证冬季温暖充足的日照。另外，站在院落南边望向北面时，会有北房完整的视野，强调北房的威严与地位，同时也突出其主控作用。从环境方面来看，两厢房之间的距离缩小形成狭长的空间，可以避免冬季冷风的干扰，提高居住的舒适性（图5-3）。

　　从功能方面来说，庭院是居住空间的拓展。居于同一所院落中的家庭成员，可以在庭院中进行休憩、观赏、交往等多种不同性质的活动。空间与人的活动联系起来时，尺度就显得尤为重要。在我国传统建筑中，总能看到以礼制思想为标准的尺度和以人为标准的尺度这两种尺度标准共存。民居作为非官制的建筑，实用总是第一要义。因此，在庭院中，建筑立面上亲人尺度的门、窗，消解了礼制尺度带来的严肃和压抑，使其满足基本的舒适性要求，更好地服务使用者。同时，目光所及之处特定的装饰，比如表现社火活动和家戏曲目的雕刻，能唤起精神的归属感，这对家族聚居的居住模式来说，是至关重要的。

　　丁村民居中，朝向庭院的厢房屋檐会有较浅的出挑，在房前院间

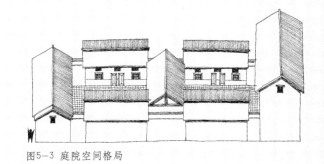

图5-3 庭院空间格局

| 山 | 西 | 古 | 村 | 镇 | 系 | 列 | 丛 | 书 |

图5-4 有檐廊的庭院空间

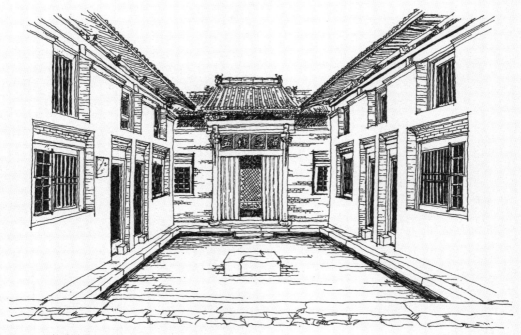

图5-5 无檐廊的庭院空间

形成一个模糊的过渡空间；有的厢房屋檐出挑较宽，配有立柱，形成檐廊空间，使这种过渡空间更加明确（图5-4、图5-5）。房屋和庭院地面通过台明形成高差，是室内防水的基本做法。庭院地面多做硬质铺地，雨雪天不至于泥泞。通常院中会植一两株树木，一则作为观赏景致，二则带有某些吉祥的寓意，来表达院主人特定的希冀与愿景。比如石榴树，"榴生百子"寓意多子多福。

3. 入口空间

院落的入口空间不仅仅包括大门，还包括院落门前的场地，该场地与道路街巷的连接，穿过大门后进入庭院的空间。在这些地方，丁村民宅有不尽相同的处理方式。

（1）正门前为街巷

丁村民宅入口空间多为这种形式，门临街开，方便直接。有的宅院门前还有拴马石、拴马桩。但是正门的形制却不尽相同：有的大门仅仅在外墙上加设门廊，有的大门却建有精美的二层门楼（图5-6～图5-10）。

（2）正门前为园林（图5-11、图5-13）

（3）正门前为开阔硬地（图5-12、图5-14）

图5-6 24号院院门及门前街巷　　图5-7 9号院门前拴马石　　图5-8 12号院门前外墙上由钎子演变而成的拴马桩

图5-9 入口空间（对街巷） 　　图5-10 入口空间（对街巷） 　　图5-11 入口空间（对园林） 　　图5-12 入口空间（对硬地）

图5-13 4号院正门及门前园林　　　　　　　图5-14 2号院入口空间

4.营造技艺

　　丁村民宅采用我国传统的抬梁式屋架做法（图5-15～图5-17）。房屋中屋架作为主要的承重结构，而墙体门窗作为主要的围护结构。这种结构的特点，即通常所说的"墙倒屋不塌"。在柱顶或柱网上的水平铺作层上，沿房屋进深方向架数层叠架的梁，梁逐层缩短，层间垫短柱或木块，最上层梁中间立小柱或三角撑，形成三角形屋架。

　　厅堂内部有两种构造：一种是砌上明造，将全部的梁架露明，这能使厅堂显得高深、庄重；另一种是"楼阁式"，以隔扇上槛为界，平铺一层木板，将厅堂上下空间一分为二，上部作储藏之用（图5-18）。这两种形式的梁架，明清两代均有采用。屋顶全部用

图5-15 结构剖透视图

图5-16 1号院屋架结构局部

图5-17 12号院梁架结构

图5-18 砌上明造与阁楼式分析简图

筒瓦，檐口置勾头滴水，并有飞椽承托，屋脊安正脊，两山置垂脊。屋顶类型明代以悬山为主，清代以硬山为主。卷棚顶只有一例，即道光二十一年（1841年）建造的观景楼（10号院）。

目前看到的丁村民宅的墙体有两种，一种是砖砌墙体，作为外院墙，厚度较小。另一种是土坯砖作芯，外部砌砖，这种墙体一般用在房屋外墙，厚度较大。丁村民居还有另外

一个特点，就是会加设钎子来加固墙体。钎子从房内的柱子穿过，然后贯穿土坯砖和外层的外包烧制砖，两端加以固定。钎子经过防腐处理，即使经历了几百年风霜雨雪的侵袭，仍然不曾腐坏。这种通过钎子来加固墙体的做法，有点类似于今天钢筋混凝土结构中的"拉筋"。外墙面上的钎子有的处理得很巧妙，加上了一个同样铁质的圆环，这样就使其有了拴马桩一样的功能。

5. 立面特色

明清厅堂的立面全部为木构，由檐柱、隔扇、帘架等构件组成，大部分厅堂都设有前廊，也有个别无廊或前后廊。在檐柱、挂落、雀替等位置，多施以彩绘或精美木雕，一方面彰显庄重典雅的气质，另一方面体现宅主人当时的身份地位和财力（图5-19）。

无论厅堂还是厢房，立面都呈现对称的形态。立面的整体色调基本是三种：一是木结构覆朱漆而成的红色，多为厅堂主要的色调；一是烧铸砖自然而显的青灰色，但也有部分房屋立面被后来的居住者以有色涂料粉饰；一是土坯砖不假修饰的大地黄色，土坯砖的墙多作为院落外墙的立面，简单朴素。

6. 形制发展

丁村明清民居均是四合院式住宅，平面配置以及外观具有汾渭三角地带文化区域的典型特征。同时，丁村民居还具有浓郁的地方特征，其形制演化是丁氏宗族历史演化的缩影——从元末明初建村到清代村落格局的基本形成，丁村人的生存方式、思维模式都产生了巨大的转变，这些反映到住宅的形制上就是使其具有了明显的时代差异。

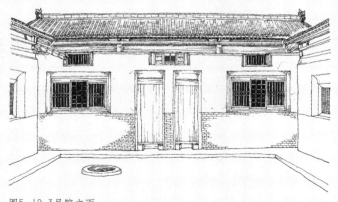

图5-19 3号院立面

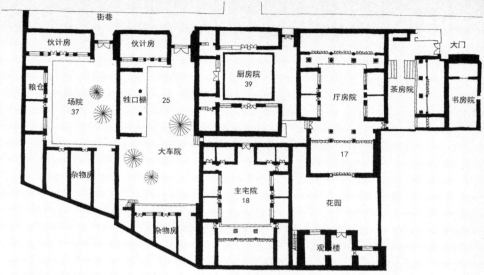

图5-20 丁村中规模大而完备的院落群

丁村现存最早的民居是始建于明万历二十一年（1593年）的3号院，这一时期所建的住宅，由于当时村落人少，住宅疏松，所以基址规模较大，院落比较开敞。另外明代有"庶民庐舍不得过三间五架"的限制，因而明代民居正厅、厢房、倒座均为三间，正厅两侧各设置一个耳房，其屋架低于正厅主体建筑，外观上与正厅也有明显区别。院落台明高为一阶，并且房屋装饰简洁，鲜有木雕，枋、梁的装饰多用彩画。这时的民居形式还不是很封闭，人与自然、人与人的关系比较亲切，人们满足于"庭中寻杵答，牖下听鸡谈"这种田园诗般的生活状态。

清代以后，由于人口迅速增长，村中的宅基用地变得紧张，院落更多地体现为窄院式布局。同时，由于土地兼并的发生和经济实力的不平衡发展，村内贫富分化加剧。没落赤贫者，不断典当土地房屋，甚至失去居所；发家富裕者，极尽所能建起二进甚至三进的四合院，并以血缘关系的亲疏在旁边扩建新宅，彼此用跨院或甬道相连，形成规模较大的建筑群体（图5-20）。

在发展中，住宅正厅、厢房的平面形式与明代基本相似，但大门改在了更显眼的正中位置，并且规格也更高，不仅出现了门楼，还有了三开间的样式。装修和装饰也一改明代的简洁朴素，大量采用木雕，斗栱、梁头、雀替、梁枋、挂落都极尽雕琢之能事，装饰内

容中"喜禄封侯""连中三元"等实用主义题材表现得更为直接。这些变化是由于明清两代人们追求的改变,以及社会经济结构和思想意识的转变所导致的。

在功能上,东西厢房为居住之用,其上部空间类似阁楼,作储物之用。倒座房、耳房作为厨房、仆人居室或者仓储用房。过厅不做分隔,作接待客人之用。北房多供奉先祖牌位,作为家祠。有的院落北房分为上下两层,二层仍作居住之用。总的来说,在每个院落中,庭院都作为房屋的组织中心,同时也是家庭成员活动交叉的空间;北房都作为家族的精神中心,同时在形制上也是整个院落建筑中的制高点。

二、民居赏析

1.北院院落群

北院,也被当地居民称为"大门里",包括1号、2号、3号、4号、5号、6号、7号、24号、29号、30号、38号院共11座院落,其中以建于明万历年间的2号院、3号院、4号院、30号院为核心,其余院落围绕着这四座院落排布。

(1) 1号院(图5-21~图5-27)

1号院建于清乾隆五十四年(1789年),十一月初十竖柱上梁,宅主为丁琴,但建房时其已去世。院落西邻北院的祖宅院(2号院),有小侧门和过道与之连通;东面与24号院隔着一条南北向的路相望;南面通过一座跨院和30号院相连。1号院是一座二进四合院,建筑平面方正,形制严整。整个院落处在一块没有高差的地坪上,坐北朝南,呈中轴对称之姿。

院落大门前有影壁,大门两侧分别各有倒座房和次入口,西侧的次入口进去后的小巷道可达2号院。院落厢房面阔三间,房正中有一道砖墙作为分隔,即三间两室。过厅连接前后两进院落,面阔三间,进深6米,内部无分隔。其装饰精美,作日常待客之用。北房作为祭祀先祖的家祠,不住人且不分隔。在房屋高度上,厢房最低,家祠高于过厅。

1号院的装饰主要集中在大门和过厅两处,这两处最能体现院主人身份地位和财力情况。门楼面阔三间,有前后廊,前廊两侧有八字形石壁,壁上刻有对联一副,内容为"庭中寻柝笞,牖下听鸡谈"。此对联既是对乡野生活的描述,又是院主人心境的展现。正门

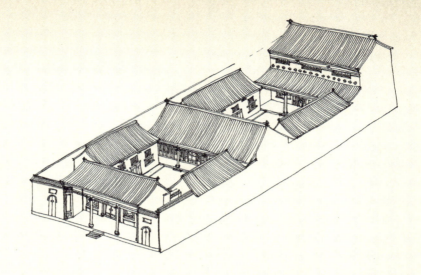

图5-21 1号院轴测图

后有仪门一座，其上匾额两面分别书"履中蹈和""鸳光芝色"。门廊和过厅的木雕精美，手法多样，题材丰富。百戏图、狮子舞、和合二仙、博古纹样、麒麟瑞兽、出水荷花……既有来源于生活的元素，又含传统的带有吉祥寓意的图案。

在清乾隆四十五年（1780年），丁琴之子丁克长在宅院东边建

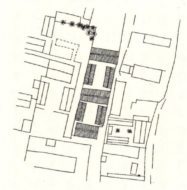

图5-22 1号院总平面图

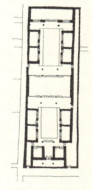

图5-23 1号院平面图

图5-24 1号院北房

图5-25 1号院雀替

图5-26 1号院影壁局部

丁村古村

| 山 | 西 | 古 | 村 | 镇 | 系 | 列 | 丛 | 书 |

图5-27 1号院

一坐东向西的书院，取名"揖山居"（即24号院）。

（2）2号院、3号院、30号院（图5-28、图5-29）

2号院建于明万历四十年（1612年），二月十七日竖柱上梁，是北院的祖宅院。宅主丁诏，为3号院宅主丁翰卿之子。此院是三合院，

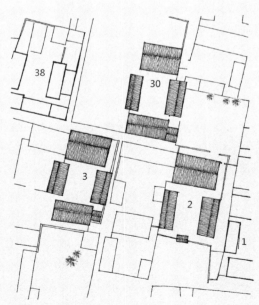

图5-28 2号院、3号院、30号院总平面图

图5-29 2号院、3号院、30号院平面图

正厅面阔三间，前廊宽阔，骑门梁下的花板雕刻精美。在正厅东侧，有过道和小门通向后院。正门位于正南，木制。2号院的厢房比较特别，其平面为"凹"字形，在出入口处退出一块空间。在立面上，仅用青砖砌出防水高度部分，其余部分均为木制，有别于其他院落厢房在墙上开门窗洞口的做法（图5-30～图5-32）。

3号院建于明万历二十一年（1593年），二月十七日竖柱上梁，宅主为丁翰卿。此院是单进四合院，院门开在东南角。正厅面阔三间，有阁楼用来置物。厢房面阔三间，内部分为两室。院落比较开阔，采光良好。在院落西南角原有小房一间，但

图5-30 2号院

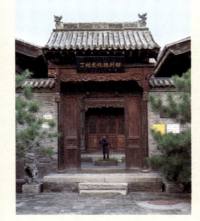

图5-31 2号院正门

图5-32 2号院院落北望

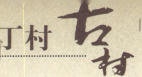

山｜西｜古｜村｜镇｜系｜列｜丛｜书

图5-33 三号院内景

图5-34 30号院北房

图5-35 30号院厢房

已被毁坏（图5-33）。

30号院为明万历三十年（1602年）建造（陶先生书中所述"据1960年省文管会调查"而知），形制为四合院。正厅、厢房、倒座均为三开间。正厅有檐廊，雕刻简单，木格栅窗。现倒座房或为维护修缮时新建。院落东南角有门开于小巷，同时还与2号院的后院相通。2号院和30号院现共同作为丁村文化陈列馆使用，展览"丁村遗址"的考古历程和相关文物。院落整体风格简单朴素（图5-34、图5-35）。

（3）4号院

4号院建于明万历三十一年（1603年），五月二十五日竖柱上梁，宅主为丁翰卿。该院为三合院，院门为开在墙上的拱券门，其上方做类似于垂花门的门廊。这座院落本为书院，后来在丁翰卿晚年时用来养老（图5-36）。

（4）5号院

5号院建于清乾隆十九年（1754年），闰四月十一日竖柱上梁。建宅者是丁烈武、丁勇武兄弟。5号院与30号院通过一个共同的菜园相连。其正门在主院东南角，进入正门后厢房

图5-36 4号院垂花门细部

图5-37 5号院院落北望

图5-38 5号院跨院北房

图5-39 5号院鸟瞰

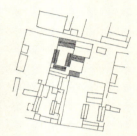
图5-40 5号院总平面图

图5-41 5号院平面图

山墙上有影壁。正厅和倒座均面阔三间,正厅有檐廊。厢房做法同为"三间两室",上部为储物空间,对外开有通风的小窗(图5-37~图5-41)。

(5) 6号院

6号院建于清雍正十一年(1733年),十月十三日竖柱上梁,建造者是丁比彭。该院为四合院,正厅和南房均阔三间,厢房阔五间(图5-42、图5-43)。

(6) 24号院

24号院建于清乾隆五十五年(1790年)十一月,建造者为丁琴之子丁克长。该院初建

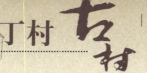

图5-42 6号院鸟瞰

图5-43 6号院平面图

时作为书院,取名"揖山居",因其坐东向西,远眺巴山[1]。该院是村中唯一一座非坐北朝南的院落。正厅无檐廊,门上悬一匾额,写有"庸德可风"。宅主丁克长是国子监的太学生,对读书与教育应格外重视,"庸德可风"这四字也体现了他淡泊致远的心境和追求(图5-44~图5-47)。

(7) 38号院

38号院与30号院隔一所跨院,位于5号院的南边。该院为四合院,现北房塌毁,仅余厢房和倒座楼。门楼阔一间,上有匾额一块(图5-48~图5-54)。

---

[1] 丁村西汾河西边的土山,本县人称之为"巴山"。

图5-44 24号院鸟瞰图

图5-45 24号院脊兽、瓦当、排水檐沟

图5-46 24号院正厅匾额边框木雕局部

山|西|古|村|镇|系|列|丛|书

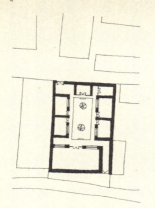

图5-47 24号院平面图

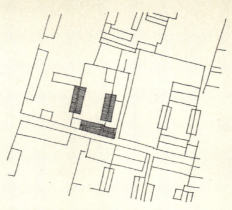

图5-48 38号院总平面图

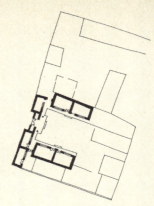

图5-49 38号院平面图

图5-50 38号院正门

图5-51 38号院木雕局部

图5-52 38号院厢房

图5-53 38号院现状

图5-54 38号院门前抱鼓石

第五章 高墙大院承一脉·精雕细琢造三绝

81

2. 中院院落群

中院是不同院落片区中整体连通性最好的，全片区域以祖宅为首，向周围扩建而成。每个单体院落都能通过宅间小巷和跨院同其他院落联系起来，然后形成一个大家族聚居的生活区。据说这是一个以叔祖父为主，同堂兄弟及子孙聚居的五世同堂的大家庭。

据陶富海书中所述，现在所称的"中院"，一直到清雍正年间都不是这样叫的[1]。12号院第一进院落所在的地方，当时被叫作"南场里"，13号院以北的院落组被叫作"南院里"。而现在的中院，包括10号、11号、12号、13号、14号、19号、20号院。这些院落现今被作为丁村民俗博物馆的展馆（图5-55）。

（1）10号院

10号院建于道光二十一年（1841年），是丁庭㭎、丁庭柱兄弟二人为了达成父亲丁溪贤安适养老的遗愿而建造的。这座院落为三合院，院中植一枣树，每值夏秋之季枝繁叶茂，硕果累累。院门开于南侧，面向一座小园，小园现已荒杂。观景楼北临涝池，东北角望菩萨庙，西傍11号院，同时与11号院通过两座院落之间的甬道相连。院落北厅被称为"观景楼"，是一座二层的卷棚顶建筑，其格局为"明三暗五"。观景楼二层正中开间为明栿，两侧开间为平闇[2]，明栿及挑檐梁枋上饰有彩画（图5-56～图5-62）。

（2）11号、12号、13号、14号、19号、20号院（图5-63～图5-65）

11号院建于清乾隆十年（1745年），闰二月初六竖柱

图5-55 中院总平面图

---

1 陶富海《丁氏家族与丁村》，第63页。
2 为了不露出建筑梁架，常在梁下用天花枋组成木框，框内放置密且小的方格。另一种是在木框间放较大的木板，板下施彩绘或贴以有彩图案的纸。这种形式在宋代叫平闇，后代应用较广泛。

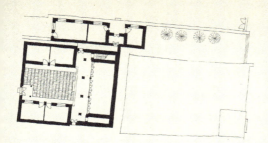
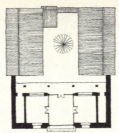

图5-56 10号院一层平面图　　图5-57 10号院二层平面图　　图5-58 10号院轴测图

图5-59 10号院院落南望　　　　　图5-60 观景楼二层大梁与题字

图5-61 观景楼房梁彩画

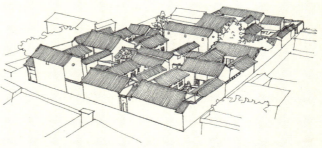

图5-62 10号院　　　　图5-63 11号、12号、13号、14号、19号、20号院院落群

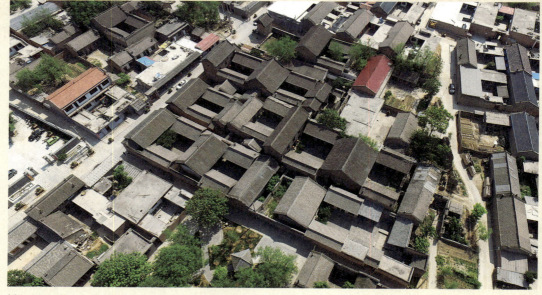

图5-64 11号、12号、13号、14号、19号、20号院鸟瞰

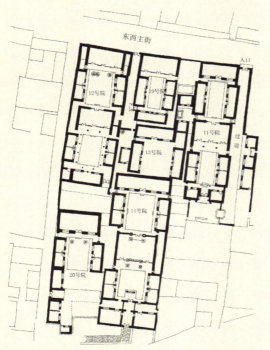

图5-65 11号、12号、13号、14号、19号、20号院平面图

上梁。该院为二进四合院，大门门槛设计很有趣，拿起平放即可作为上马的脚凳，侧向放倒摆入对应位置即为门槛。大门前有影壁，进入大门后有仪门一座。仪门挂匾额一块，一面书"积厚流光"，一面书"省三惇五"。两进院落厢房均阔三间，过厅为五架梁结构，采用砌上明造做法。北厅为楼，楼高三层，有木制楼梯供上下之用。这座院落外还有一座建于乾隆六十年（1795年）的木牌坊，上书圣旨内容（图5-66～图5-70）。

12号院始建于清雍正八年（1730年），二月二十七日竖柱上梁，然而二进院落完成，总共耗了二十年。期间主要是因为财力的原因，工期一再拖延。两进

图5-66 11号院牌楼

丁村古村 | 山西古村镇系列丛书

图5-67 11号院过厅

院落不一致的形式也能看出一二。第一进院落有一圈檐廊，但厢房的柱础均无雕刻，仅为一块简单打磨过的石料做成。另外，过厅花板雕刻也不如11号院繁复精美。第二进院落无

图5-68 11号院第一进院厢房

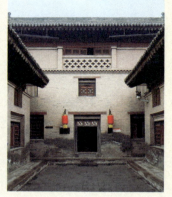
图5-69 11号院北房

图5-70 11号院院落

檐廊，北房同样没有过于繁复的装饰，只有梁头部位做了精美细致的雕刻（图5-71～图5-74）。

山│西│古│村│镇│系│列│丛│书

图5-71 12号院过厅

图5-72 12号院厢房

图5-73 12号院北房

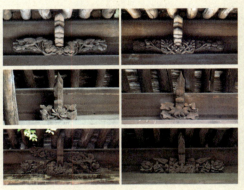

图5-74 12号院构件木雕局部

14号院建于乾隆三十六年（1771年），九月初三竖柱上梁。该院为二进四合院，据说第一进院曾是戏台，供唱堂会使用。在民国初年，还在这里最后唱过一次[1]。如今第一进院戏台处的抱厦已经损毁，据现今居住在此的老人说，在他小时候村里人还常常在此唱戏，大家都挤在院子中听戏。

第二进院形制严整，北楼庄严气派。北楼高三层，第三层开格栅小窗，可登高望远。楼梯在左右两边，不外显，开圆形采光窗洞。东西两边分别为车马入口和设有客房的跨院，其门额分别书"迎车""设榻"（图5-75）。

19号院建于雍正元年（1723年），宅主丁鸿玉是丁坤的堂祖父。19号院位于11号院西边，二者由跨院相连。

---

[1] 据陶富海《丁氏家族与丁村》，第63页。

图5-75 14号院北房

图5-76 20号院

图5-77 20号院厢房

图5-78 20号院柱间花板

20号院建造年代不详，现有北房和厢房，而北房疑为新建[1]。相传本院建造年代为明，但其现存建筑的风格皆为清式。这座院落曾经被称为"旗杆院"，因为此院的丁嘉珍中了武举，之后在门前树立了一对石旗杆（现已无存）。明清时期，在科举考试中中了进士以上的可以在院门口筑旗杆旗斗，为双斗旗杆院；举人家里可筑单斗旗杆。此院北场遗存一些石磨、石槽，推测在当时可能是作为马厩院来使用的（图5-76～图5-78）。

3.南院

南院包括15号、16号、17号、18号、21号、22号、23号、25号、26号、37号、39号院，中间被一条区域内的主要街巷分隔为南北两部分。在南院里，院落群作为一个大家族

---

[1] 陶富海所著《丁氏家族与丁村》第65页中写有"现存仅东西厢房及平房四间"。

山│西│古│村│镇│系│列│丛│书

丁村古村

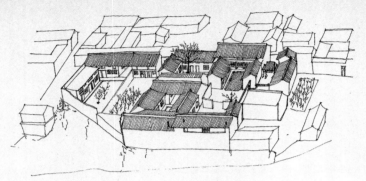

图5-79 17号、18号、25号、37号、39号院院落群

图5-80 17号、18号、25号、37号、39号院总平面图

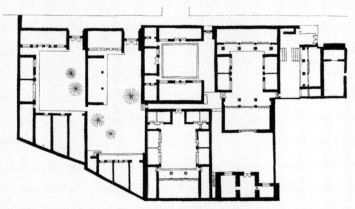

图5-81 17号、18号、25号、37号、39号院平面图

的共同生活体，被表现得最为明显。

（1）17号、18号、25号、37号、39号院（图5-79～图5-81）

17号院包括该院落群组中的客房院、厅房院、花园和观景楼，建于道光咸丰年间，宅主为丁殿清一家。该院门楼高挺，严整气派。院落大门朝东，进入大门后有木牌楼一座，是因咸丰五年（1855年）丁日营、丁殿清被敕封为"儒林郎"所建。该座牌楼阔三间，斗栱繁复，上书圣旨内容。牌楼一侧即客房所在。客房有前廊，前檐柱上下贯通。客房两层，一层当心间为木隔扇门，两次间作槛窗，下层住人，上层储物。在当时客房平日由伙计照看打扫，客人来了便可安置在此（图5-82～图5-86）。

在花园和厅房院之间的中厅已经损毁，只剩断壁残垣，但观景楼和厅房

图5-82 17号院大门

第五章 高墙大院承一脉，精雕细琢造三绝

 丁村古村 ｜山｜西｜古｜村｜镇｜系｜列｜丛｜书｜

图5-83 17号院圣旨牌坊

图5-84 17号院北房

图5-85 17号院厢房

图5-86 17号院屋脊装饰及瓦当

院皆保存完好。厅房院正房厢房皆高大，悬有"蓬岛长春""厚德雅怀"等匾额。观景楼高二层，由西侧小而陡的楼梯可至二层。观景楼北望可见组团全貌，南望为村外田野。

18号院为主宅院，建于清道光二十五年（1845年），形制中规中矩。北房三间，中心一间开院门。院门前有小巷道向西通向大车院，向东联通厅房院和厨房院。南房五间，最

山|西|古|村|镇|系|列|丛|书

图5-87 18号院院落北望

图5-88 25号院院门

两侧的东西末间分别作灶房和茅厕使用。客房院因为是边院，且门开在北方，故为鲜有的坐南朝北向（图5-87）。

25号、37号、39号院分别为大车院、场院、厨房院。从其院门上所刻"司牧"（25号院）、"宝萃"（37号院）便可看出。但这三座院落均保护不佳，房屋损毁严重，仅院门部分保护比较完好（图5-88）。

（2）21号、22号、23号院（图5-89～图5-91）

21号院建于清咸丰七年（1857年），是在丁先登捐职州同，其父母敕封儒林郎之后建造作为南院"家庙"之用的。此院原有门楼一座，面阔三间，雕刻插廊，两侧有石刻对联一副，内容为"祖宗虽远，祭祀不可不诚"和"子孙虽愚，经书不可不读"，出自《朱柏庐治家格言》。该副对联也说明了丁村人提倡孝道、敬祖以及重视子孙教育的理念。该院中部过厅为献厅，用来祭祖摆放供品；后院有泮池和泮桥，以期子孙学业兴盛；北厅为祠堂正厅，厅中陈列摆放着先祖牌位；厢房多作为配房，可在祭祀时供家族中的长辈和重要人物休息、议事。

1935年之前，这里作为丁村的小学堂。现在该院落正门、前院东厢房、泮池和泮桥均不在，献厅部分损毁，于前院东侧开一侧门。

（3）26号院

26号院建于咸丰五年（1855年），宅主丁魁登。北厅面阔三间，厅内被分为一个厅和两间卧室，屋内做隔层，上层储物，下层居人。厢房面阔三间，现作为厨房使用。该院名为"慎德堂"，现院主人一家在居住的同时，还将其作为客栈，提供民宿。《舌尖上的

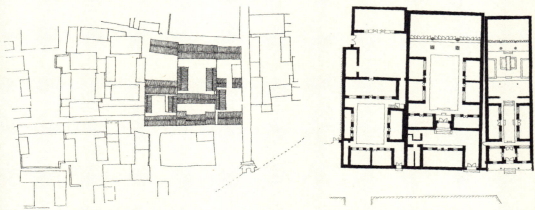

图5-89 21号、22号、23号院总平面图　　　　　　图5-90 21号、22号、23号院平面图

图5-91 21号、22号、23号院鸟瞰图

中国》栏目组曾在此拍摄过山西传统美食臊子面的制作过程（图5-92～图5-96）。

4.西院院落群

27号院为三合院，建造年代未知，根据陶富海先生在其书中所述，推测为清乾隆年间。清宣统元年二月，丁燿率

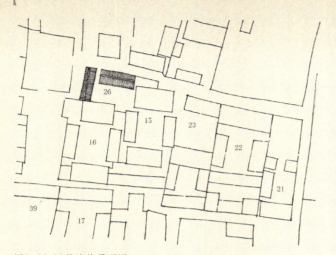

图5-92 26号院总平面图

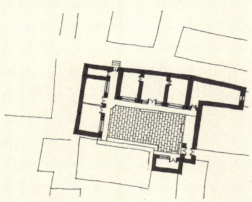

图5-93 26号院平面图

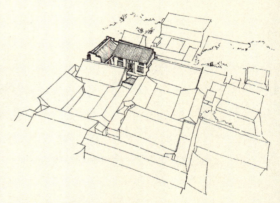

图5-94 26号院轴测图

图5-95 26号院院落

图5-96 26号院北厅

子重修此院。院中北房和东西厢房均面阔三间，北房为砌上明造，空间显高，且梁上饰有彩画。该院现作为丁村土布的作坊，进行土布制作，同时可供游客参观制作过程（图5-97～图5-100）。

图5-97 27号院总平面图

图5-98 27号院平面图

图5-99 27号院轴测图

图5-100 27号院

5.其他院落

（1）8号院（图5-101～图5-105）

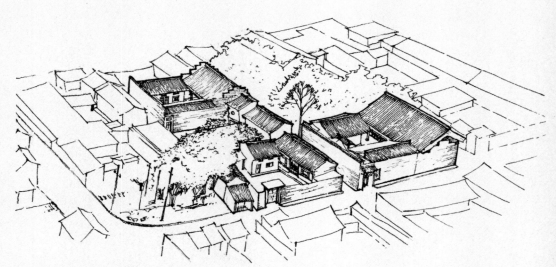

图5-101 8号、9号、36号院院落群

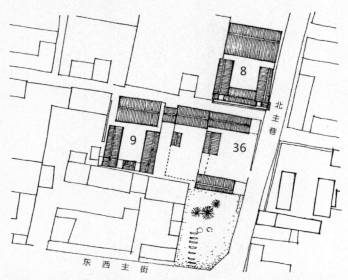

图5-102 8号、9号、36号院总平面图

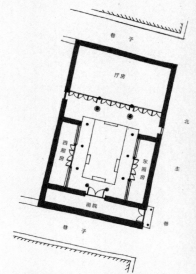

图5-103 8号院平面图

图5-104 8号院鸟瞰

图5-105 8号院内景

(2) 9号院

9号院建于清咸丰八年（1858年），二月十七日竖柱上梁。门楼高两层，进入大门后为一石板巷道，巷道尽头院墙上做影壁。巷道东侧为书房院和客房院，入院门处有一对拴马石。现今巷道东侧院落已损毁。巷道西侧为主宅院，一进院落，入院门开在巷道尽头近影壁处（图5-106～图5-109）。

(3) 36号院（图5-110～图5-113）

(4) 31号、32号、33号院（图5-114～图5-116）

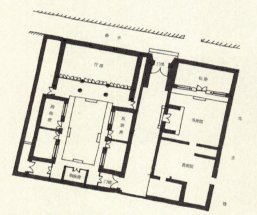

图5-106 9号院平面图

图5-107 9号院鸟瞰

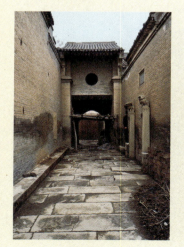

图5-108 9号院门楼背面与巷道

图5-109 9号院风火墙墙帽

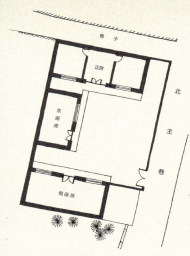

图5-110 36号院平面图

图5-111 36号院北房

图5-112 36号院厢房

图5-113 36号院南房

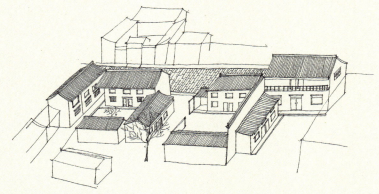

图5-114 31号、32号、33号院轴测图

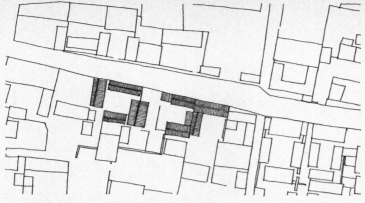

图5-115 31号、32号、33号院总平面图

图5-116 31号、32号、33号院平面图

31号院东厢房已拆并新建民房，南楼以前或有（需考证）。北房两层，在一二层之间于外部架设外廊，在二层设门可从屋内走出到达外廊。外廊结构虽然粗陋，但现存仍能看出其建造用意，是丁村民宅中仅有的在二层开门可直接出入的建筑。

32号院院落现状比较破败，有小门通向旁边的31号院。该院现院门应为后来的居住者改动打通（图5-117）。

33号院建于清嘉庆二十年（1815年），宅主丁鸿麟。该院是二进院落，与东侧的32号院由一座跨院连通。但如今两进院中后院已损毁仅留前院，且跨院也坍塌不在。院中位于南北的房屋立面是典型"三间两室"做法的形式，位于西侧的房屋屋脊高于其他，由此判断32号院的布局与通常不同，其厅堂坐东朝西，厢房居于南北（图5-118）。

（5）35号院

35号院建于清乾隆二十年（1755年），三合院，宅主为丁岚一家。该院风格朴实无华，几乎没有雕刻作为装饰。正厅有檐廊，阔三间。其隔扇门为六抹，即每间六扇，三间共计十八扇，图案均为斜菱格纹。厢房被改建，已非原本"三间两室"的形式。外墙

图5-117 32号院南面房

图5-118 33号院院落

高大，做了风火墙式的处理（图5-119～图5-121）。

(6) 40号院

40号院系清乾隆年间所建。院门为拱券形，门扇木制，其上横钉数排铁皮钉帽，院门上方刻有"耕读"二字。入院门后即一开阔的场院，穿越场院后才是四合院。院中南房为民国所建，北房也是损毁后所新建，从房子拱券形的门窗洞口即可看出。该院在房屋大斗处饰有少许雕刻，院落总体风格简洁朴素（图5-122~图5-126）。

图5-119 35号院总平面图

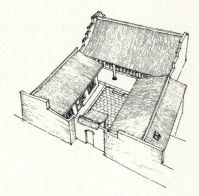
图5-120 35号院轴测图

图5-121 35号院北房

丁村古村　　山｜西｜古｜村｜镇｜系｜列｜丛｜书

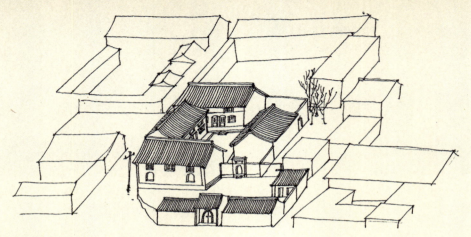

图5-122　40号院轴测图

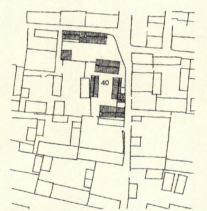

图5-123　40号院平面图

图5-124　40号院平面图

图5-125　40号院入口

图5-126　40号院入口

第六章
木石砖雕皆传神
书画题匾均达意

一、木雕

丁村传统民居主要采用木结构,木雕也自然成为装饰艺术中最为重要的内容。丁村民宅保存状况较好,大量的木雕也得以完好地保存下来。这些木雕技法娴熟,雕刻精细,内容丰富。从总体上看,明代院落中的木雕较为简朴,而清代院落中的木雕大多烦冗。

1. 花板

花板即为雕花木板,其没有结构上的功能,正因如此,可以应用到建筑中的不同位置。丁村的花板多见于建筑正面梁枋以下,称为柱间花板;也有位于纵向梁枋的出头之上的,称为梁头花板。

(1) 柱间花板

柱间花板常见于丁村民宅正房及正厅的檐柱之间,与梁枋同长,是建筑立面装饰的重要内容,也是院落中的视觉焦点所在。在丁村明代民宅中,花板雕刻都较为简朴,如3号院(明万历二十一年)正房花板(图6-1),仅以少量卷草纹作为装饰。清代以后,花板装饰趋于繁复,多以回纹或卷草纹、万字纹作底,再在上面雕出主题纹样,其内容有双龙戏珠、蝙蝠展翅、喜鹊梅花、梅花鹿等动植物,也有宝瓶、香炉等博古器物,还有"寿""喜"文字,表达了神圣、吉祥、寿喜、博古通今等象征意义。

花板多采用镂空雕,在浮雕基础上,镂空其背景部分,后部另有一块木板作为背,使得雕刻图案在光影作用下具有强烈的立体感。同时,这也展现了精湛的雕刻工艺。也有少数为纯镂空的花板,具有园林的气质,如17号院正房的花板(图6-2)。

在8号院(清雍正九年)中,正房明间花板以镂空卷草龙纹为底(图6-3)。旧时,正襟危坐的龙形象为统治者专用,而百姓则巧妙地暗用龙纹,仅保留龙首特征,将龙身、龙爪与龙尾都与卷草纹结合,形成同样具有龙形的卷草龙纹,富有祥瑞高贵之意。在卷草龙纹中,花板左右还雕有一对卷草凤纹,其来源与寓意,都与卷草龙纹一致。在凤纹下方,雕有一对古代的直角规,意味规矩、训诫之意。在花板左右两侧,各雕一个"寿"字,并配如意纹,寓意长寿如意。中央的"猰狗吞日图"则是本雕刻的中心,出自"人心不足蛇吞象,贪心不足吞太阳"的典故(图6-4)。"猰"是传说中一种贪婪横行的猛兽,无所不贪,因而得名,其胃口极大,永远吃不饱,最后想吃天上的太阳,并跑到海边的悬崖上,

图6-1 3号院落（明万历二十一年）正房花板图

图6-2 17号院落（清咸丰三年）正房花板

图6-3 8号院落（清雍正九年）正房花板

图6-4 8号院落正房花板局部

纵身一跳,太阳没吃着,却葬身于滔滔大海。

而8号院正房大门背侧的花板(图6-5、图6-6),则以牡丹喜鹊镂空雕为底,正中雕刻一鹬一蚌及一农夫,借"鹬蚌相争,渔翁得利"的寓言,告诫子孙要团结一致,不可内斗而让外人得利。这两幅木雕,都在吉祥的图案上雕刻具有警戒作用的寓言故事,以警示后代子孙。

在11号院(清乾隆十年)中,正房明间花板上以高浮雕的菊花图为底,在花丛中藏着神态各异的鹌鹑(图6-7)。菊花是代表健康长寿的花,又因菊与"居"同音,鹌与

图6-5 8号院落大门背侧花板

图6-6 8号院落大门背侧花板局部

图6-7 11号院落(清乾隆十年)正房花板

"安"同音,此为"安居长寿"之意。花板中央雕刻一只麒麟以及一只凤凰,这幅"麒麟戏凤"则象征祥和之意。

1号院(清乾隆五十四年)的花板雕刻十分细腻繁杂,其大门明间花板以龟背纹为底(图6-8),并在每个空隙中雕刻小朵葵花,借葵花多籽寓意家族多子,其上再高浮雕仙人走兽灵芝及敲锣打鼓的童子,十分热闹。而在两次间的花板(图6-9、图6-10),则以菱形纹为底,亦在间隙中雕刻小朵葵花,其上再高浮雕香炉宝瓶等各13件博古器皿,又在瓶内插各类花翎器物,有灵芝、菊花、梅花、折扇、卷轴、拂尘、如意等。

1号院正厅明间的花板则以铜钱纹为底,其上雕刻历代体现忠孝节义的故事(图6-11、图6-12)。其中一出为"岳母刺字",此雕刻将人物置于一座雕刻的建筑的檐廊中,人物的动作神态都清晰可见,再细看雕刻出的檐廊空间,其柱子、花板、撇山影壁皆一应俱全,甚至是模拟建筑影壁上的砖石纹理、花板上的木雕、屋脊上的砖雕以及屋顶的

图6-8 1号院落（清乾隆五十四年）大门明间花板

图6-9 1号院落（清乾隆五十四年）大门东次间花板

图6-10 1号院落（清乾隆五十四年）大门西次间花板

瓦楞都被细致地刻画出来，可谓雕刻中有雕刻，巧夺天工。正房明间的花板（图6-13）则以青松、梅花、菊花、寿桃、如意为底，将鹿、羊、牛、马、象、猴、骆驼、狮子、麒麟等各种动物高低错落地雕刻在一起，合成一幅"百寿"（谐音"百兽"）图。

图6-11 1号院落正厅花板细部1

图6-12 1号院落正厅花板细部2

| 山 | 西 | 古 | 村 | 镇 | 系 | 列 | 丛 | 书 |

图6-13 1号院落（清乾隆五十四年）正房花板

图6-14 3号院落（明万历二十一年）正房梁头花板

图6-15 2号院落（明万历四十年）正房梁头花板

（2）梁头花板

出于木建筑的结构原因，纵向梁枋与檐柱交接后有时会露出梁枋出头，在丁村大多数的民宅中，都会在出头处放置一块大小合宜的雕花板，这便是梁头花板。此花板往往与雀替、花牙子一起成为房屋立面的装饰物。

在明代民宅中，梁头花板相对较小，装饰也较为简单，如3号院（明万历二十一年）中正房的梁头花板，仅以少量浅浮雕的祥云纹作为装饰，寓意吉祥（图6-14）。2号院（明万历四十年）中正房纵向的出头板上也只雕刻较为简单的卷草纹（图6-15）。而在清代以后，梁头花板的体量变大，雕刻也更为精细。

丁村最为精湛的梁头花板当数1号院（清乾隆五十四年）正厅梁头花板（图6-16），纵向的出头板上镂空雕刻莲花图案，并在莲叶丛中立了一只鸥鹭，栩栩如生。莲花又称芙蓉花，"蓉花"谐音"荣华"，"鹭"谐音"路"，该鹭荷图可被称为"一路荣华"，寓

图6-16 1号院落（清乾隆五十四年）正厅梁头花板　　图6-17 12号院落（清雍正八年）正厅梁头花板　　图6-18 17号院落（清咸丰三年）牌坊梁头花板

意宅主一生都能享有荣华富贵。横向的花板分为上下两块，上面一块嵌于出头板上，下面一块嵌于底下斗栱之上，其雕刻内容与梁间花板内容呼应，皆为古代人物寓言故事。

12号院（清雍正八年）正厅的梁头花板与17号院（清咸丰三年）牌坊的梁头花板皆以龙纹雕刻为主（图6-17、图6-18）。在12号院正厅的梁头花板中，出头板上镂空雕刻拐子龙纹，梁头花板则镂空雕刻卷草龙纹。下部的斗正面亦刻有卷草龙纹，斗栱上的小花板雕刻与出头板一致的镂空拐子龙纹，斗栱上则雕有一只麒麟，斗栱下部的牛腿则密密雕有祥云纹，寓意吉祥平安。

2. 斗栱

丁村的木雕技艺也体现在梁枋之上的斗栱中，此类斗栱一般设置一块栌斗，来承托纵向的梁枋，而栱部则不受力，进而逐渐演化为装饰构件，其装饰内容与花板近似，但此斗栱分布的位置却比花板更广，不但出现在正房正厅之上，也出现在厢房的梁枋之上。

在3号院（明万历二十一年）的厢房中（图6-19），栌斗上浅浮雕两只仙鹤衬以莲花，在栱部雕刻由中心向两侧生长的牡丹，寓意长寿富贵。3号院中花板的雕刻十分简洁，但斗栱处却相对繁杂，可见此处在装饰中的重要意义。

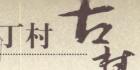

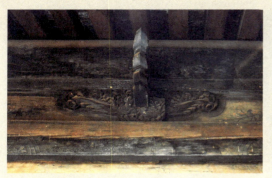

图6-19 3号院落（明万历二十一年）东厢房斗栱

图6-20 11号院（清乾隆十年）正厅斗栱

图6-21 1号院（清乾隆五十四年）大门斗栱

图6-22 17号院（清咸丰三年）牌坊

在清代以后，斗栱的装饰更为精美，出现大量的镂空雕及高浮雕，其内容从人物到花鸟应有尽有。例如在11号院（清乾隆十年）正厅的一朵斗栱（图6-20），栌斗正面镂空雕刻三朵葵花，寓意多子，在两侧高浮雕寓意吉祥富贵的凤戏牡丹。在1号院（清乾隆五十四年）大门的一朵斗栱（图6-21），均采用镂空雕形式，在栌斗正面雕刻三只羚羊，谐音三阳开泰，两侧斗栱上以一对龙纹做镂空底，中央雕刻福星寿星，寓意平安长寿。

图6-23 17号院牌坊斗栱

丁村的17号院中的木牌坊堪称丁村斗栱雕刻艺术的精华（图6-22、图6-23），牌坊为

图6-24 10号院栏杆全貌

图6-25 10号院栏杆上木雕狮子

三开间,顶部作五层斗栱,层层出挑,每个昂口都雕为象鼻形,寓意"万象更新"。底部每个栌斗上皆雕有一对博古瓶,一只香炉,寓意"博古通今"。细观牌坊,斗栱和梁枋上都有彩画的痕迹,如今已模糊不清,我们只能想象这座牌坊曾经的华丽风采。

3.栏杆

晋南民居少有楼阁式建筑,故较少出现建筑栏杆构件,而在丁村的10号院中,有一处木质栏杆(图6-24、图6-25),栏板以亚字纹为底,较为朴素。在明间两侧的木柱上立有一对木雕狮子,因"狮"与"事"谐音,双狮并立,意为"好事成双""事事如意"。狮子头部毛发纹理清晰可见,体量不大,但雕刻技艺却十分精湛。

二、石雕

丁村内现存有大量的石雕,集中体现在石柱础、门枕石等建筑装饰上,也有像拴马石、石马槽这样的生活器皿。

1. 柱础

柱础在中国传统建筑中的应用历史悠久，由石质基石演变而来。由于传统建筑使用木柱子，直接落地则容易让地面潮气侵损木柱，故采用石质基础防潮。此外，柱础也能使木柱落在更为坚实的石料上，使建筑的荷载经过柱础传至土地。

丁村的柱础形式繁多，雕刻从简至繁皆有，常见形式分为三类：圆鼓式柱础、八棱柱式柱础以及基座加圆鼓形复合式柱础。在丁村民宅的大门、正厅、正房前的檐柱下，多数都采用复合式柱础，而大厅随墙柱以及大厅北侧，多采用圆鼓式柱础及八棱柱式柱础。而丁村的公共建筑都较为简朴，多数采用装饰较少的圆鼓式柱础。

11号院落正厅北侧的随墙柱础即为典型的圆鼓式柱础（图6-26），柱础中央浅浮雕一个寿字，周围雕刻草龙纹，上部雕刻出鼓皮鼓钉。17号院正厅南侧金柱下的随墙柱础亦为圆鼓式（图6-27），但柱形较高，柱面上平均布置小圈，在圈内浅浮雕各类象征祥和美好的动植物：莲花、菊花、游龙、麋鹿、蝙蝠等。丁村的圆鼓式柱础基本采用浅浮雕的方式，保持石面平整。

11号院正厅南侧金柱下的随墙柱础即为八棱柱式柱础的例子（图6-28），该柱础以游龙为对象，正面雕刻游龙正面像，侧面雕刻游龙侧面像并配以草龙纹，游龙形态栩栩如生，气势逼人。与圆鼓式柱础相同，此类柱础也多采用浅浮雕的方式。

基座加圆鼓形复合式柱础多位于正房正厅檐柱之下，因其位置明显，而成为丁村最为常见的柱础，同时也是装饰最为集中的柱础。从装饰的繁杂程度看，最为简洁的是3号院正房檐廊下的柱础（图6-29），柱础基座为八面须弥座，束腰转角处有束腰柱，整个基座

图6-26 11号院落正厅北侧圆鼓式柱础

图6-27 17号院落正厅南侧圆鼓式柱础

图6-28 11号院落正厅南侧八棱柱式柱础

图6-29 3号院落正房檐廊复合式柱础　　图6-30 2号院正房檐廊复合式柱础　　图6-31 8号院正房檐廊复合式柱础

无复杂雕饰，南侧石面有破损，十分可惜。基座上的圆鼓保存完好，其上仅作简单的龟背纹、卷草纹、麒麟纹等浅浮雕。

2号院正房檐廊下柱础的雕刻稍微复杂（图6-30），转角处有束腰柱被雕为仙人形象，上部的圆鼓则浅浮雕游龙、莲花。在基座与圆鼓之间雕有一圈莲花瓣，寓意圣洁美好，使整个柱础既简单大方又不失精美细致。8号院正房檐廊下的柱础则更进一步（图6-31），须弥座底部各面皆高浮雕麒麟一只，束腰柱被雕为形态各异的仙人，动作神态都清晰可见，并在东南西北四面以阳雕手法雕刻方巾，圆鼓上以线雕手法雕刻纹案，并阳雕一对环扣，整个柱础显得更为精致。

11号院正厅檐廊下的柱础堪称丁村石雕艺术的精华（图6-32），底部须弥座上雕刻卷草龙纹，八角各作一只龙头正像，束腰处在东南西北四面各刻寿桃等植物，寓意长寿。在一圈卷草龙纹之上，高浮雕四对石狮戏球，几乎完全将石狮雕刻出，这也成为整个柱础雕刻最精湛之处。上部圆鼓面上的雕刻同样清晰可见，在牡丹、飞马、梅花、羚羊之间雕刻寿

图6-32 11号院正厅檐廊复合式柱础

|  |  |  |

图6-33 1号院大门檐廊复合式柱础　　图6-34 1号院正厅檐廊复合式柱础　　图6-35 1号院正房檐廊复合式柱础

字，寄托宅主富贵吉祥、健康长寿的美好愿望。

在1号院的大门、正厅及正房的檐廊下，皆做方形柱础，形制相似，雕刻皆十分精美（图6-33～图6-35）。细看正房檐廊下的柱础，基座为须弥座衍生形式，下枋雕刻为几案形，案侧面线雕简单的卷草纹，几腿处线雕水波纹。束腰四面中间雕刻羚羊、麒麟等吉兽，飞奔回首，上枋平整，雕拐子龙纹。圆鼓与基座之间的角上亦雕有石狮，为半卧姿态，四方中心雕刻绣球。卧鼓上下边缘同样有鼓皮鼓钉浮雕，鼓身高浮雕蟠桃，寓意健康长寿。

2. 门枕石

门枕石位于门两侧抱框下方，是建筑大门的重要组成构件，俗称"门墩"。门枕石多用石料制作，一端位于门内，用于承托门扇的转轴，另一端位于门外，平衡门扇的重量。

按所在位置区分，丁村门枕石有位于大门处及位于厢房处两种。位于大门处的门枕石大多十分气派，上面或立一座圆鼓，或雕一座石狮，也称为抱鼓石。在古代，只有有功名者的家门前才可立抱鼓石，因而也是等级的象征。位于民居厢房连理门的门枕石大多简单大方，为长方形条石，截面为正方形，这类门枕石大多只在正面和侧面作浅浮雕，雕刻各类纹样。11号院厢房的门枕石便是典型的一例（图6-36），正面浅浮雕一匹马，并配有马

图6-36 11号院厢房门枕石全貌

图6-37 1号院大门门枕石全貌

图6-38 11号院大门前石狮

鞍，其上雕一朵祥云。除了马，此处的雕刻还有麋鹿、羚羊、麒麟、拐子龙纹等。

　　1号院大门两侧为抱鼓门枕石（图6-37），基座为条形长石，正面刻狮首衔环，侧面刻一朵莲花，上部抱鼓鼓面素平无雕饰，鼓边下部高浮雕一株蜡梅，并配阴刻万字纹，鼓顶一只石狮，卧伏昂首，石狮不大，但也是整座门枕石的点睛之处。

　　丁村最为精致的门枕石当属11号院大门两侧的石狮子门枕石（图6-38）。狮子性凶猛，常用作护卫大门的神兽。11号院正门门枕石上的两只石狮，高约1米，情态栩栩如生，左为雄狮，足按绣球，右为母狮，脚抚幼狮。石狮下的基座上有精美高雕，正面为一只麒麟，侧面为一只回首的麋鹿。

3. 拴马石

拴马石是我国北方独有的民间石刻艺术品，是过去殷实富裕之家拴系骡马的实用条石（图6-39）。丁村现存4对拴马石，均以坚固耐磨的整块青石雕凿而成，高出地面约2米，截面约为方形，宽度约为25厘米，顶部雕刻一蹲石狮，立于建筑入口的两侧。拴马石不仅是宅院建筑的功能构成，而且其上的石狮，亦作为建筑的装饰，具有避邪镇宅的意义。

4. 石马槽

石马槽即石制的喂马器皿。丁村现存4个石马槽，最早为元延祐七年所制（图6-40），该石马槽较明代石槽厚实，其上的浮雕也更为凸显，至今依然清晰可见。该石马槽上的雕刻并不追求对称，上雕一枝盛开的莲花，自右向左生长，并在右侧配较大的如意纹，左侧则以较小的如意纹收尾。整个石雕透着一种古拙之美。

明代的3个马槽上浮雕则皆为对称布置，但相对较浅，历经风雨后，至今只能依稀可

图6-39 9号院前的拴马石近景

图6-40 元延祐七年石马槽

辨。以明嘉靖八年、九年、十四年的马槽雕刻为例（图6-41～图6-43），自两端向中央雕刻对称的两枝莲花，上开三朵，两端均以如意纹收尾，与元代的雕刻方式及纹案十分近似。

三、砖雕

1.影壁

影壁是独立于房屋之外的一段墙体，可位于大门内，遮挡人们的视线，保证院落的幽静隐蔽，称为"隐"；也可位于大门外，标明大门位置，使过往行人避开，称为"避"，合称为"隐蔽"，后来逐渐演变为"影壁"。

丁村民宅的影壁设置以"一"字形影壁和座山影壁为主，砖砌硬山顶，下雕须弥座，影壁内容都较为简单，仅作砖砌纹理，不作额外装饰。常见的影壁纹理以龟背纹为主，像1号院影壁（图6-44）。17号院的影壁纹理较为特别（图6-45），为方形

图6-41 明嘉靖八年石马槽

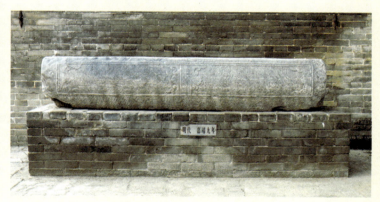

图6-42 明嘉靖九年石马槽

图6-43 明万历十四年石马槽

|  |  |

图6-44　1号院大门外影壁　　　　　　　　　图6-45　17号院内座山影壁

砖错落叠砌。

丁村民宅8号院大门右侧的一块座山影壁（图6-46、图6-47），为丁村现存装饰最多的影壁。该影壁以六角龟背纹为底，上雕一位寿星，骑鹿回首，两只蝙蝠相伴左右，头顶一片祥云，在壁心四角雕刻祥云，并围一圈以花草纹、如意纹为主的6格小砖雕，形态各异。下部束腰部分分为5格，每格内亦雕有砖雕，以动植物纹为主，再下以卷草纹须弥座收尾。这些小砖雕内容丰富，人物有福星、禄星，植物有葵花、莲花、牡丹、摇钱树，动物有骏马、吴牛，雕刻精致，形象生动，无不令人叹服。

2. 墙面砖雕

在丁村1号院大门檐廊下，大门东西各有一幅巨型砖雕画，连砖雕基座高约2.5米，宽

图6-46 8号院座山影壁

图6-47 8号院座山影壁壁心细部

约1米,气势雄伟。其西侧一幅以拐子龙纹为底,上雕一幅圆形画作,画内一株合欢,两只麋鹿,寓意"禄喜合欢"(图6-48)。东侧画作内雕一松树,其下两只仙鹤,寓意"松鹤延年"(图6-49)。两幅砖雕基本保存完好,东侧一幅稍有破损,有过修补痕迹。

四、屋顶

屋顶是中国古代建筑的重要组成部分,被称作第五立面。受古代等级制度限制,丁村民宅及庙宇屋顶的形制、色彩、质地都较为简单,基本采用灰板瓦,装饰主要集中在屋脊及角部吻兽。

丁村民宅建筑的屋脊可分为正脊和垂脊。正脊是前后两屋面相交而形成的屋脊,因与建筑正面平行而称为正脊;而在部分硬山、悬山式屋顶上还有与正脊垂直相交的屋脊,称为垂脊。丁村民宅建筑正脊一般为带有高浮雕的花饰瓦件,内容以植物的枝叶及花朵为主,相同的花式左右重复形成带状装饰。垂脊的装饰相对较平,无高浮雕装饰(图6-50)。

在丁村的庙宇建筑的屋脊上,如观音庙的屋顶,装饰纹样及制式与民宅无异,仅在正脊中央多出走兽装饰(图6-51)。

屋脊两端的吻兽以龙吻、螭吻为主,皆为与水有关的神兽,体现村民希望趋避火灾的愿望。吻兽的形式较为简单,垂脊端部的吻兽会略小于正脊吻兽。

图6-48 1号院大门檐廊下砖雕（西）

图6-49 1号院大门檐廊下砖雕（东）

五、铺首

铺首是固定在大门门扇外面的一对金属构件，上挂门环，用于拉门，门环底部的门扣则用以敲门。一般认为铺首的形象为"龙生九子"中的椒图，其形似螺蚌，性好闭，故立于门上。

丁村现存大量保存完好的铺首，村内看似相近的铺首实则无一相同，但也有其内在的规律。丁村的铺首依铁皮看叶的形状可分为方形和圆形两大类。铁皮看叶为方形的铺首在丁村较为常见，此类铺首大

图6-50 丁村常见的两种正脊纹样

图6-51 观音庙屋顶全貌（裁剪）

多装饰烦冗，在门上占有面积较大，一般分为两大块内容：上为铁皮看叶及铁质门闩，下为门环门扣。多数门环与门扣单独设置，门扣多为蝙蝠形状，与其上部的兽首，形成"福寿圆满"之寓意。此种样式从清乾隆年间开始，至民国一直沿用。铁皮看叶为圆形的铺首在丁村较少，门闩门环门扣皆置于一块铁皮看叶上，布局紧凑，占门的面积也较少，多用于拱形门券的大门上，如4号院、28号院及24号院的大门铺首（图6-52）。

从历史发展来看，在明代时，丁村的铺首样式都较为简单，在明末清初，方形铺首面积开始增加，到清乾隆年间，方形铺首的装饰性增强，与此同时，大门上端与下端的铁饰花纹也开始增加，铁皮的面积及装饰也代表了当时宅主的财力。

8号院（清雍正九年）大门的铺首样式十分简单（图6-53），铁皮看叶及门扣皆为方

丁村古村　山｜西｜古｜村｜镇｜系｜列｜丛｜书

图6-52　4号院（明万历三十一年）大门及铺首

图6-53　8号院（清雍正九年）铺首

图6-54　11号院（清乾隆十年）铺首

形，以门钉固定在木门上，无任何多余装饰。11号院（清乾隆十年）大门铺首装饰则精细得多（图6-54、图6-55），铁皮看叶仍为方形，两端装饰如意纹案，甚至在门闩末端也雕刻了一只椒图，可谓精湛。下部为口衔门环的椒图，四周环绕四朵如意纹，再下是蝙蝠形状的门扣。随门环摆动，狮首眼球也随之晃动，可谓精巧逼真。此外，还有如5号院、17号院、21号院等院落大门的方形铺首样式（图6-56～图6-58）。

22号院内大门铺首是丁村最为精致的铺首之一（图6-59、图6-60），其上部铁皮看叶为圆形，中央为门闩，往外为一圈回形纹，最外环绕一圈花草纹案，极为精致。门环处的铁皮则为六边形，周围六朵如意纹，中央一只兽首衔环，摇动门环时，眼与舌皆能摇动，比11号院的铺首更胜一筹。此处蝙蝠形的门扣则下移，完全成了装饰。值得一提的是，此铺首装饰与大门其他的铁皮装饰连为一体，更显气派。大门左右各有一只铁制博古瓶，瓶上的水波纹清晰可见，瓶内插有扇子、宝剑、拂尘、箭等博古器物，起到辟邪作用。大门四角各有一个圆形"寿"字，再外端为铁制卷草龙纹，最两端中央仍为一只蝙蝠，周围环绕四只小蝙蝠，寓意"五福临门"。如此精美的大门装饰在丁村也数少有，这些铁制铺首造型优美，历经百年依旧完好无损。

图6-56 门楼院（清乾隆十年）大门

图6-56 5号院（清乾隆十九年）大门及铺首

另外，17号院的大门及铺首形制较为特殊（图6-61），这座大门全覆铁皮，门环较大，门扣与门钉融合，虽然装饰不多，仅在门环处的铁皮上稍作卷草纹或如意纹装饰，表现了此大门森严的气质。

六、题字及彩画

1. 匾额

在中国传统建筑中，匾额一直具有十分重要的人文意义。家家户户大门加匾题字亦为丁村的一大特色，并且悬挂匾额的传统一直延续到现在。丁村的匾额藏量十分丰富，其中有两块著名的御赐匾额（图6-62、图6-63），分别位于11号院内和17号院内牌坊上，赐于清代乾隆年间和咸丰年间。

除了这两块匾额，在丁村民宅院落的大门之上，都会在墙内嵌一块匾额，表达宅主美好的愿望或处事的准则，例如11号院大门的匾额"东海南山"，语出"福如东海，寿比南山"（图6-64）。

6号院大门匾额"惠迪吉"，语出《尚书·大禹谟》"惠迪吉，从逆凶"，即是顺道则吉，从逆则凶之意（图6-65）。

图6-57 17号院（清咸丰三年）内铺首

图6-58 21号院（清咸丰七年）铺首

图6-59 22号院（清咸丰三年）内铺首

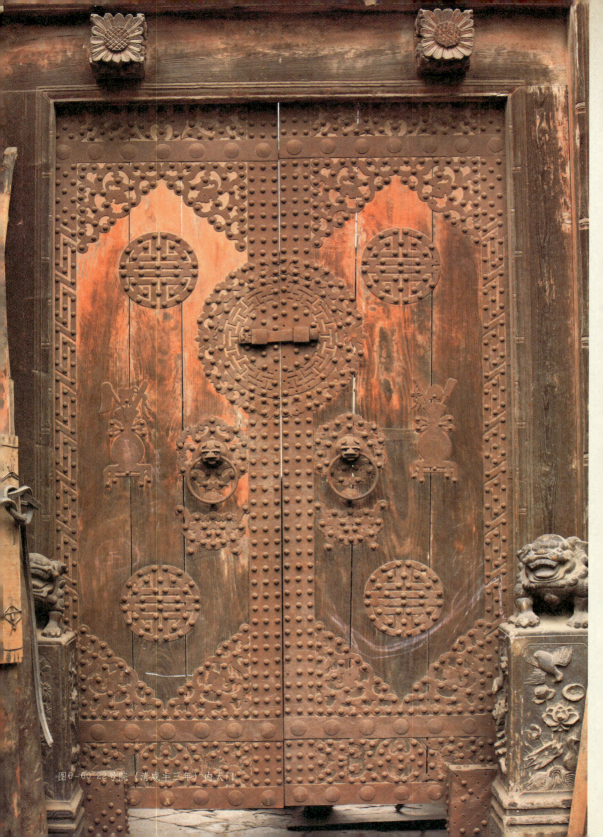

图6-60 22号院（清咸丰三年）内大门

图6-61 1号院（清咸丰三年）大门及铺首

山西 古村镇 系列 丛书

图6-62 11号院御赐匾额

图6-63 17号院御赐匾额

图6-64 11号院大门匾额

图6-65 6号院大门匾额

图6-66 17号院内匾额

图6-67 15号院大门匾额

　　17号院内墙匾额"余庆",语出《易经·坤卦》"积善之家,必有余庆",指修善积德的人,必然有更多的吉庆(图6-66)。

　　15号院大门匾额"居之安",语出《孟子·离娄下》:"孟子曰:君子深造之以道,欲其自得之也。自得之,则居之安。居之安,则资之深。资之深,则取之左右逢其原。故君子欲其自得之也",寓意安心学问(图6-67)。

　　1号院东南门匾额雕刻极为精致,环绕匾额周围高浮雕一圈卷草龙纹,并在下部正中雕一只展翅的蝙蝠,蝙蝠的神态都清晰可见。匾额中央为"巽达"二字,巽为八卦中的一卦,位东南,代表风,主吉。"巽达"则是表达宅主希望吉祥之事到达宅内的愿望(图6-68)。

　　8号院大门匾额"大有庆",语出《易经·天泽履》:"上九:视履考祥,其旋元吉。象曰:元吉在上,大有庆也。"寓意有大的福分值得庆祝(图6-69)。

　　除大门匾额外,连接各院落的随墙拱门上亦会有匾额,拱门常会东西对称设置,这些匾额也往往成对出现。例如14号院中的"三益""四宜","青云""白屋","安贞""协吉","迎车""设榻"(图6-70～图6-73);18号院中的"克己""复礼","居仁""由义"(图6-74、图6-75)。

山｜西｜古｜村｜镇｜系｜列｜丛｜书

图6-68 1号院东南门匾额　　　　　　　　图6-69 8号院大门匾额

图6-70 14号院随墙门上匾额1（东）（西）

图6-71 14号院随墙门上匾额2（东）（西）

图6-72 14号院随墙门上匾额3（东）（西）

图6-73 14号院随墙门上匾额4（东）（西）

图6-74 18号院随墙门上匾额1（东）（西）

图6-75 18号院随墙门上匾额2（东）（西）

　　在丁村，另有一类匾额题字是直接书写在入口门楼内侧，或大厅北侧，此类题字面向院内，一般为警示语句，是宅主对自身及全宅的勉励及警示。此类题字较多为蓝底黄字，例如11号院的"省三惇五""积厚流光"，14号院的"光前裕后"。也有颜色单一的，例如1号院的"宇坦心橹"。

　　"省三惇五"，省，反省之意；惇，教导之意。三与五则指三纲五常。这是宅主告诫宅内人每日反省自身，牢记三纲五常（图6-76）。

图6-76 11号院门楼题字1

图6-77 11号院门楼题字2

图6-78 14号院大厅北侧题字

图6-79 1号院门楼题字

"积厚流光","光"通"广",语出《荀子·礼论》:"故有天下者事七世,有一国者事五世,有五乘之地者事三世,有三乘之地者事二世,持手而食者不得立宗庙,所以别积厚者流泽广,积薄者流泽狭也。"意为积累的功业越深厚,则流传给后人的恩德越广,是宅主勉励自身一代多积功业,为后代谋福(图6-77)。

"光前裕后",语出宋代王应麟的《三字经》:"扬名声,显父母,光于前,裕于后。"光前即光大前业,裕后即遗惠后代。这是宅主告诫子孙后人要为祖先增光,为后代造福(图6-78)。

"宇坦心橚",宇即宇宙空间之意,坦为坦荡,橚为舒服之意,此句为宅主勉励自身胸怀坦荡、心境舒服(图6-79)。

2. 楹联

丁村的题字还表现在楹联之上,这样楹联的内容,都加强了建筑本身的作用。多数楹联刻于公共建筑入口檐廊两侧的撇山影壁上,菩萨庙前的楹联:"佛国虽空虚,总要反终反始;香山未见得,难以说有说无"(图6-80)。三结义庙前的楹联:"精忠贯日月,浩气凌云霄"(图6-81)。

此外,21号院原为家祠,入口两侧亦有楹联一副:"祖宗虽远祭祀不可不诚,子孙虽愚经书不可不读",以警示家族后人(图6-82)。在民居1号院中,亦有楹联:"庭中寻杵答,牅下听鸡谈",流露了院落中的日常生活,也有学于生活之意(图6-83)。

3.彩画

在传统建筑中,梁枋均采用木材,为减少空气中潮气对木材的侵蚀,多在梁枋上涂刷油漆,防腐防蠹。从最开始的单色的油漆逐渐发展到彩色油漆在梁枋上作画,形成了传统建筑特有的彩画装饰。丁村的彩画装饰多出现在木雕较少的明代建筑中。

图6-80 菩萨庙檐廊下楹联(东)(西)

图6-81 三结义庙檐廊下楹联(南)(北)

图6-82 21号院大门两侧楹联(西)(东)

图6-83 1号联院大门两侧楹联(西)(东)

图6-84 3号院厢房彩画局部

图6-85 菩萨庙彩画全貌

在丁村现存最早的民宅建筑3号院中（明万历二十一年），其厢房梁枋上的彩画至今保留完好（图6-84）。彩画是以牡丹、莲花等植物花朵为主的旋子彩画，中部配花鸟为题材的苏式彩画，彩画中央以斗栱图案的包袱覆盖，整体颜色以灰白为主。

菩萨庙（明万历三十三年）的梁枋彩画颜色更为鲜亮，以蓝绿为主，亦为花朵为主题的旋子彩画，但相较民宅建筑的彩画而言，其细节更为丰富（图6-85）。另外，在菩萨庙殿内的方格天花上，亦存在彩画，每格画一朵形态各异的莲花座。这些彩画保留至今，实属不易。

七、门窗格扇

在丁村民宅的正房及正厅中,三个开间都用隔扇,仅少数院落在两次间用槛窗,隔扇多在一个开间中用六扇,使得隔扇高而且窄,在明间中央两扇前多设门帘架。用于悬挂门帘,在夏季可保证开门时新风进入室内而将蚊虫隔绝在外,在冬季可在开门时隔绝寒冷空气。

丁村隔扇多为六抹头,绦环板及裙板以素板为主,隔心部分以镂空纹样装饰,亦较为朴素,以斜方格纹居多,也有灯笼罩、团花等样式,如17号院正房门扇及1号院正厅门扇(图6-86、图6-87)等。装饰的重心在门架帘的上端,其装饰纹样十分丰富,如1号院正厅的亚字纹,11号院正厅的灯笼框纹(图6-88),8号院正房的方胜纹(图6-89)等,家

图6-86 1号院正厅门扇

图6-87 17号院正房门扇

图6-88 11号院正厅门扇

家户户纹样各异。在门架帘格心周边,常会做一圈束木板,上做小块木雕。在格心下,会加一条木雕楣子,来保证门架帘的方正。

  丁村民宅的厢房中较多使用直棂窗扇,较少使用门格栅,窗扇注重功能,而装饰较少。最为常见的为直棂窗扇一侧加做上下分的方格形窗扇,内侧为木板,取下木板则可以扩大窗的采光面积,其中上侧的小窗扇可以打开,让室内的空气得到流通(图6-90)。

  较为特殊的是2号院和8号院的厢房隔扇,其使用4扇隔扇式门,格心为斜方格纹,窗扇为四扇,中间两扇外设置窗帘架,其上端部分亦可开启(图6-91)。

丁村 古村 | 山│西│古│村│镇│系│列│丛│书

图6-89 8号院正房门扇

图6-90 丁村厢房常见的窗扇

图6-91 8号院厢房门窗格扇

第七章
土布织就丁村美
家戏传唱百艺精

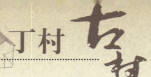

一、丁村土布

漫步在丁村的主街上，轧轧的机杼声声声入耳。织布这项传统的手工艺，在华夏文明千百年的传承中，并没有失落于此。在丁村，心灵手巧的妇女们至今还用传统的织布技艺和工具，织出一匹匹质朴舒适的土布。

每一匹丁村土布的织就，都凝聚了无数的辛劳与汗水。从一捧棉花到一匹土布，要经过很多复杂的工序，其中主要工序有搓棉条、纺线、倒线和拐线、染线、经线、穿攒、掏综、刷线、安机、织布、锤布等。具体说来步骤如下：在地里采摘下棉花之后，需要脱绒，先把籽脱掉，然后弹花。弹好花以后将棉花搓成棉条。搓完棉条后就开始纺线，纺好之后是倒线和拐线，即将线打成方框，架起来缠成圆圈（图7-1）。这个过程中需要注意，如果线缠成疙瘩，下一步染线时色彩就会染不透和、不匀。染线的时候缠好的线圈要一根一根地放入，着色后过水才算染色完成。线染好之后进行晾干，然后

图7-1 纺线

把线缠成线团。接下来经线，这一步骤就是将需要的不同颜色的棉线组合起来，也叫排经线。经线排完之后，就到穿攒，穿攒必须两个人才能进行。再是掏综，它的作用即交错，也就是进行花色排布的一部分。之后的刷线其实就是顺线，一般是拿高粱米做的刷子刷，刷子的作用就像梳子一样。以上一系列都做完，就可以安机，开始织就一匹匹棉布了。从前老人们经常说"描龙绣凤不算巧，纺花织布挪粮草"，可见在人们心中织布的技巧性和重要性（图7-2~图7-4）。

现在丁村土布有两个品牌，分别是丁村"狗妮土布"和"猿古土布"。它们作为非物质文化遗产的传承，既能保留这项宝贵的传统技艺，又能满足追求原生态手工艺物品的人们的追求。丁村土布作为完全手工织就的布匹，其制成品没有花哨的图案，而是通过不同色彩棉线的排列与交错，形成简明粗放的花纹，民俗气息浓郁（图7-5）。

二、家戏文化

家戏，顾名思义就是演给自己人看的戏，是村民自发组织非正式的戏班子，来进行表演的活动。"家戏"在我国南方称之为"社戏"，然而在晋南地区，人们不称"社戏"而

图7-2 穿攒

图7-3 织布

| 山 | 西 | 古 | 村 | 镇 | 系 | 列 | 丛 | 书 |

图7-4 刷线

图7-5 丁村土布制作

称为"家戏"。本处所述的丁村家戏,是有别于当地社戏的[1]。

丁村家戏在当地颇有名气。据陶富海先生在《丁村家戏考述》一文中说:"丁村的家戏长期以来就一直受到附近村庄的青睐。三十年前就有'高高的小旦闷八的丑,腰子的架子玉喜的吼,安生的鼓狗旦的锣,才娃的胡胡熬成的钋'。"的赞誉(图7-6、图7-7)。

明代朱棣即帝位以后,曾将一大批文臣治罪,发配到蒲州(原永济县城),让他们"闭门思过"。如今尚存的永济城楼,其城门匾额的四个字中还残存"思过"二字。这些文臣到了蒲州,满腹悲愤难以发泄,便编演戏曲,表达心中的愤懑。无论生、旦、净、末、丑,都具备悲愤的意蕴,唱起来低者凄怜,高者悲壮、亢奋激越。在音乐设计中,为了增强这种抒情的气氛,创造性地使用了梆子,用来击打节奏、统领乐队,所以后人都称蒲剧为"蒲州梆子"。又因为蒲剧唱到高潮处,乐器也跟着加快节奏,加大力度,把唱词全淹没了,所以人们也把蒲剧称为"乱弹"。蒲剧是元杂剧的继承和发展,大受观众喜爱,迅速在晋南一带流行开来。而丁村所在的襄汾县,临近蒲剧发源地的蒲州,其受影响程度不亚于运城一带。直至清末民初以至20世纪的二三十年代,襄汾县已经成为蒲剧活动的中心,专业戏班、村戏、家戏,多不胜数,遍布全县各地[2]。

---

1 丁村家戏、社戏的不同详见梁丽君撰写的《丁村民俗文化中的戏曲文化》。
2 蒲剧的来源故事转述自梁丽君撰写的《丁村戏曲文化在历史社会及民俗中的地位》,有关蒲剧的具体发展请参见李斗撰写的《晋南地区蒲剧艺术的民俗文化成因》。

丁村家戏的组织演出，是由"会""社"组织发起，在村政权机构如村公所的支持下搞起来的。所谓"会""社"，就是当地香火旺盛的庙宇。庙宇多奉神，于是又称神会。神会中势力较强的有火神会、马王会、财神会、菩萨会、关爷会、玉皇会、子孙菩萨会等。这些神会的会友，多为各所庙宇周围的居民。神会首领叫作"会首"或"首事人"，由居民选出，定期改选，轮流坐庄。规模大的会，还有固定资产，如社火或家戏表演的一些服装、道具等，甚至有桌椅板凳出租，以增加会内的经费收入。由于

图7-6 丁村家戏

图7-7 丁村家戏表演者

这些神会既负责敬神祭祀又有资产和经费收入，因而具备了组织家戏演出的便利条件，成为家戏班子的后盾[1]。

再从丁村自身发展来分析，丁村出去经商的人，他们财富的累积，也是家戏得以发展起来的原因之一。这些发家致富的晋商们，不仅仅是将巨额财富带回家乡筑起深宅大院，

---

[1] 参考自陶富海《丁氏家族与丁村》。

同时也有这种娱乐需求以及扶持家戏活动的资本[1]。丁村戏班的演出时间多在春节的闲暇时节，再就是天旱祈雨和祭祀之日。而在最初，"社戏"确为敬神所用，所以不难理解为什么在天旱祈雨和祭祀之日要进行家戏演出。在上文提到的众多神会中，以火神会为最大，活动也最多，当时每年春节和二月初二火神祭祀日，由火神会发起演出家戏几乎成为惯例。当然，丁村戏班有时也会到邻村演出。

这些演出中，四月初八的"娘娘省亲"表演是很重要的一次活动。据村里人讲，离丁村12里的伯虞村有个娘娘庙，庙中供奉的是个老娘娘；而丁村的娘娘庙供奉的是小娘娘。每当四月初八这一天，丁村人便要将小娘娘送回娘家省亲。这一天，村民一早便敲锣打鼓护送小娘娘到伯虞村，进行相关的仪式后，再用神轿将小娘娘抬回来，送往小娘娘庙，礼拜之后再开台演家戏。其活动的热烈程度，超过其他任何时候的演出。

传统丁村家戏的组织演出有一套专门的规则。过去参演家戏是不索取报酬的，皆为自愿。参演者吃"烫牙饭"，实际上就是组织和慰藉家戏参加者的礼仪形式，也是禁约规范，把大家凝聚到一起。当演出家戏时，首先由会首或首事人，会同村主任、村副共同协商，由村主任和会首共同出面，买来各种肉蛋蔬菜，请厨师在火神庙里立起土坯筑成的风火炉，将买来的各类蔬菜烹制成"大烩菜"。几天前看到招告的家戏及社火爱好者，纷纷聚集到火神庙里，由村主任和会首讲明家戏演出原因及吃烫牙饭的宗旨。凡愿意参加本次活动者，均需领取一碗滚烫的大烩菜，当场吃掉，以示参加的决心和毫不退缩之意。只要吃了烩菜，即吃了"烫牙饭"，就要实现诺言，必须无条件参加此次家戏演出或社火活动。

除了蒲剧，本地也流行着其他小曲小调，俗称"小戏"，亦是家戏的主要表演剧种之一。丁村家戏最早唱的是"秧歌"，这是一种单纯粗犷，近似当地民众日常生活中吼号吟诵的曲调。这种曲调后来曾被蒲剧代替了一段时间。民国18年（1929年），村民弓武烈给娘娘庙还愿，在今运城一带请了一班说书的来丁村，唱了一种"眉户调"，从此眉户调开始进入丁村，并逐渐取代了秧歌。直至20世纪五六十年代，丁村家戏虽然偶尔也唱蒲剧，但还是以眉户调为主，至于秧歌，已经基本失传了。

丁村家戏所演剧目，多为折子戏，主要是因为受限于家戏班人员、设备、功底，无力

---

[1] 该部分内容中"娘娘省亲""烫牙饭"的相关部分参考自陶富海撰写的《丁氏家族与丁村》。

排演大本头戏。剧本主要来源是流传下来的手抄剧本和老艺人口耳相传的教授。曾经演出过的剧目有《折桂斧》《研磨》《张连卖布》《刘秀走南阳》《烧窑》《花亭会》《闹书馆》《舍饭》《三对面》《三娘教子》《落碗记》《藏舟》《亚仙辞母》《阎王乐》《庙中会》《安安送米》《大钉缸》《三上轿》《芦花》等。从家戏剧目的演出内容分析，演员运用喜闻乐见的文艺形式传播的是鲜明的是非观、价值观及道德观。家戏的演出都是在利用寓教于乐的故事情节，潜移默化地规范村民的行为。提倡支持什么，赞扬认可什么，反对批判什么，揭露惩治什么，都用生动鲜明的形象展示出来。

20世纪60年代以后，家戏班由集体同乐性质的民间社团改为"官"办宣传队，由大队干部组织并由大队支出一定的经费，人员以生产队的工分为报酬。从此组织家戏演出前不再吃烫牙饭，同时新节目也完全取代了传统的家戏剧目，演出组织在本质上与原来家戏班有了根本区别。在这段时间演出过《小二黑结婚》《兄妹开荒》《梁秋燕》《白毛女》等一批新剧目。丁村的传统家戏班事实上宣告完结。"文革"期间，以家戏艺人为班底的宣传队演出了一些适应当时时代情境的《忆苦思甜》《鱼水情深》《老两口学毛选》等眉户戏。在当时的社会大背景下，普罗大众的文娱生活极为朴素，符合民众生活逻辑与想象逻辑的文化体系受到了干扰。20世纪80年代以后，随着以经济建设为中心的国民指导政策的提出，丁村个体化生产方式全面展开，家戏逐渐销声匿迹。

丁村家戏演出是在1992年恢复的，因为当时有台湾学者要来丁村调查该村的传统家戏。时任丁村民俗博物馆馆长的陶富海先生积极呼吁，调动有演出经验的村民，在当年的元宵节进行了家戏的恢复演出，使停顿了二十余年的演家戏传统得以复兴。

此后，每年的正月十五元宵节都进行演出，有时候农历正月十六也继续演出。其演出时间和地点是正月十五元宵节的傍晚，于村西头的三结义庙。演员有郭善陀、郭小陀、丁冬才、丁奎义、范永和等，演员年龄结构是老中青结合，年过七旬的张敖成、丁高升等老一辈演员也热心参与[1]（图7-6、图7-7）。为了更好地服务观众，演出内容不单纯是传统的蒲剧和眉户戏，还增添了小品、流行歌曲等内容，逐渐发展成为以家戏为主的综合类的村民自发组织的联欢晚会。现在村口小广场修建了专门的戏台，家戏演出便有了更为适宜的场所。即使这样，家戏演出仍然缺乏经济的支持，并且存在着传承的危机。

---

[1] 本段内容引自：王志清.从传统到当下：民俗学视角下的丁村家戏的传承与变迁[J].民间文化论坛，2006（06）：63-70.

三、民间艺术

1. 剪纸

剪纸在我国具有悠久的历史。西汉史学家司马迁所著的《史记》中，记述有西周初期，成王用桐叶剪成圭的图像，赠给其弟叔虞，封他到唐国（今山西翼城县）去做诸侯的故事[1]。这大概是有关剪纸的最早的故事了。丁村剪纸在地域上属于襄汾剪纸。根据襄汾剪纸流行的创作主题之一——戏剧人物来推测，襄汾剪纸可能起源于宋金时期。襄汾剪纸中的戏剧人物剪纸的服装、头饰、发髻、配饰等，都体现了元代的风俗习惯。襄汾剪纸传承至今，已经有700余年的历史了。襄汾剪纸在发展中不仅吸收了戏曲的精华，还兼容并蓄了皮影戏、民间刺绣、木版年画等多种艺术。从剪纸内容来看，主要是人物、动物、植物、福喜等吉祥文字之类。这些既表现了人们的日常生活，反映了当时的社会风俗与伦理道德，又体现了人们对于美好未来的企盼，故一直受到人们的喜爱。

襄汾作为"蒲剧之乡""皮影之乡"，戏剧人物自然是剪纸创作的重要主题。在《略论襄汾剪纸》一文中，提到的从事剪纸创作的有城西街李五丁、孟通顺、李五义、邓森林等剪纸世家，襄陵东街的安满喜、安三朱、小城曲的宋福成、许秋生家，大邓乡范村的杨泽荣、薛武成、薛金山、李俭等，邓庄镇南梁村侯广杰、侯广俊、侯永何等。他们的作品以戏剧人物为主，均博采众长，风格独特。有专家评价说："襄汾人物剪纸是'戏剧剪纸''皮影剪纸'"；"在所有人物剪纸资料中查对，没有与襄汾人物剪纸风格相雷同的剪纸作品。"足见襄汾戏曲人物剪纸的出众之处。

在剪纸中，窗花贴近人们的生活，是其重要的组成部分（图7-8、图7-9）。每逢岁末辞旧迎新、新人嫁娶时，手巧的

图7-8 剪纸艺人

---

1 出自《史记·卷三十九·晋世家第九》成王与叔虞戏，削桐叶为圭以与叔虞，曰："以此封若。"

农妇就会把自己对生活的感受和对美好事物的向往，通过谐音、象征等手法，纷纷体现在窗花上。她们剪出内容丰富、五颜六色的窗花，用来增添吉祥喜庆的气氛，同时祈求更美好的生活。例如"凤戏牡丹"寓意富贵常在，荣华永驻；"龙凤呈祥"象征姻缘的美满与高贵；"喜鹊登梅"谐音喜上眉梢；"柿子如意"谐音事事如意；"牡丹、花瓶、鹌鹑"三者谐音富贵平安；"儿童执莲花"寓意连生贵子；"石榴、蟠桃、佛手"组合寓意多子、多寿、多福；摇钱树、聚宝盆之类则是盼望发财致富。

图7-9 剪纸作品

2.花馍

花馍，是在各种节日以及婚丧嫁娶等大事上特别制作的面食。花馍以上好面粉为原料，加水和为面团，再将面团精雕细刻成各种讨喜的模样，上笼蒸熟，然后点色或组装（图7-10、图7-11）。因为花馍是传统的制作技艺，所以制作时的切、揉、捏、揪、挑、压、搓、拨等造型工具都是如梳子、剪子、小刀、手电筒、啤酒瓶等家里常用的物品。

图7-10 做花馍

图7-11 花馍制作

　　花馍伴随着节日民俗，在不同的节庆发展出不同的类型（图7-12～图7-14）。比如在新春佳节，要捏制枣山、枣糕（高）、枣蛾、柏枝、财篮、财神、羊头、猪头、鸡、鱼、虎、兔、佛手、石榴、柿子等，以其名称和形状，象征福寿康宁、财源茂盛、万事如意、吉庆有余等。在吃法上也有讲究，圆形面坨和红枣层层摞起来的叫登高，象征步步登高，是春节时期才做的；兔娃馍多给男孩子吃，希望他们像兔子一样欢快活泼；花型馍多让女孩子吃，希望她们将来出落得貌美如花。

　　孩提过生日及男婚女嫁，姥姥家皆要制作直径尺余的"箍拦"，即一个圆形面圈，上面塑着各种花卉动物、十二属相，分别称"麒麟送子""鱼儿钻莲""松鼠吃葡萄""猛虎驱邪""凤凰戏牡丹""龙凤呈祥""蛾儿捕菊""二龙戏珠"等，取其吉利。"箍拦"顾名思义，是一种管束工具，用其拦挡住孩子的灵魂，避免夭折，祝愿其平安成长，长命富贵。到了十二岁生日和结婚时，均要在天地神位之前，烧香叩头，戴箍拦。除了上

图7-12 丁村花馍

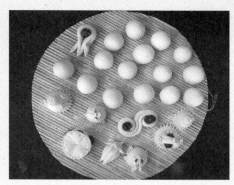

图7-13 丁村花馍

述意义之外，又有向天地交代，孩子已经长大，成家立业，祈求上苍保佑之意。另外，长辈到了"知天命""耳而顺"的年纪，晚辈就要给长辈敬献寿桃、寿糕（高）。一般要蒸制大于拳头的桃形馍，上面塑以桃花或梅花作装饰，涂以色彩。大型寿桃，周围塑着"松鹤延年""鹿鹤平安（瓶鹤）""喜鹊登梅""耄耋（猫蝶）富贵（牡丹）""八仙庆寿""麻姑献寿""五福（蝙蝠）捧寿""狮猴献桃""福禄寿三星"等典故形象。有的用竹签固定，插在寿桃上，像新娘子的大花冠。这是取古代神话西

图7-14 丁村花馍

王母摘蟠桃之意，祝福长辈健康长寿[1]。

　　花馍不仅仅作为传统祭神和使用的面食，同时也是一种特别的艺术品。早在明代，花馍就逐渐脱离食用的功能，而演变成单纯的艺术形式独立存在。如今随着时代的发展，花馍的形式和内容不断出新，获得新的生机与活力。制作精良的花馍，完全就是一件颇有收藏价值的艺术品。花馍作为世代相传的民俗艺术，更是一种民俗文化符号，是原汁原味的乡土艺术。正因为它的纯粹、质朴、源于生活，才会一直传承下来，并在当今吸引着众多关注的目光，得以更好地发展下去。

1　"详见襄汾民间艺术概览"
http://www.xiangfen.gov.cn/news/rwxf/mswh/2008/68/08681031258K249B356H7H8BEG6H06.html

附 录

附录1：碑文选录

重修三结义庙碑记
　　重修三结义庙碑记
　　捐银人名录（略）
　　万历二十六年季冬吉旦 为首人丁守资侯天爵仝匠石工史廷秀男史天德刊
　　捐银人名录（略）
　　（万历三十八年）庚戌季冬之吉 为首人侯谢恩丁守义
　　丁应登书 匠工柴成士茹应洪仝立石

重修观音堂记
　　观音堂创建年月首事费用，前庠生诚翁兄碑记载之甚详，至于神前左右牌坊，建立虽有先后，然父老为余言盖亦斑斑可据云。但历年久，颓坏者难以更，仆纠众公议修理，将先父兴行元宵灯山会累积银两与善士布施，庀众讨募□□诸颓坏者焕然复新焉。是役也，伊始落成一月间事耳。既竣，爰立碣以记之，如□文也，我岂敢……

　　　　　　　　　　　　　　　　　　　　　　　　　邑庠生丁诠撰
　　　　　　　　　　　　　　　　　　　　　　　　　州书吏丁鸿祚书

　　计开 兴行灯山会丁捷 丁□□士丁训 府书吏丁让
　　同会首事□□
　　堡官丁□ 丁□ 丁□ 丁鸿襟
　　生员丁□ 丁□
　　府吏丁鸿祚 丁善政 梁时秀 梁时玉
　　女□□ 丁门李氏 丁门柴氏
　　共会中银一十八两
　　施银人 □□省□□余 侯谢恩五钱
　　柴寺生员高□子 生员文鲲三钱
　　襄陵梁国起一钱 伯益里张凤锦一钱
　　闫店闫耿一钱 庄里柴士标一钱
　　史村石景龙五分 沙女李希禄三分
　　本村丁咏一钱 丁时雍一钱 丁善七分
　　丁善政五分 丁璟三分 丁鸿猷五分
　　生员丁鸿佐六分 丁奋雷七分 李启元七分
　　丁联甲三分 卫彦国五分
　　大清顺治十二年四月初四日立 石工史天荣刊

顺治十三年重修三结义庙碑记
    布施花名开列于后
    侯讲恩二两 沈旺一钱 丁建始五分
    侯登山一两七钱 丁习武一钱 丁淳五分
    侯赐金一两 张大有二钱 柴全意五分
    侯赐恩三钱 侯有民五钱 丁爱忠一钱五分
    ……
    襄陵梁国起五钱 史村狄龙凰一钱 卫彦国五分
    丁应亨一分 木匠阴满库丁如银各五分

                            石匠史天德刊

丁村造船碑
    平邑八景汾河为最，就汾言，舟楫为急。其河界分东西，路隔往来，迫天限之者也。余尝登高远眺，见柱撑鳖足，波讥地雷，滟滪之险不为过也。谁谓河广□常可航哉？斯所以最，平邑□急舟楫也。然因操舟者无贾舟之费，致□诸君子为之心恻，而门乐□□□欲图者，亲行募化，遂使蹊径为通途焉。噫，前之人而思念也，苟后之人□□思念也，虽亿万年季可矣。
    国子监拔贡生丁鸿图撰 犹子庠生丁丕武书
    清康熙元年十月二十七日记

重修三结义殿碑记
    是殿也，创始于大元至正二年，重修于明季万历丁酉，迨及后或糚金身，或更葺理，考之于碑有明志也。然无新不旧，无成不败者，理数之自然也。故降及今椽柱朽矣，其墙圮矣，其全身之灿映者尘垢掩矣，佥曰，可以修矣。爰是纠众同议改建，庀材鸠工，经始于戊戌冬，落成于庚子秋，但见栋宇高大，非犹前之卑也，廊庑疏阔，非犹前之隘也，周围砌砖耐久，非犹前之筑土为墉、风雨之飘零得以损之也，圣容金妆宛然生气之存，非犹前之尘灰掩封也。盖至是而旧者复新，败者复成矣。虽曰理数之自然，而窃以为非神人幽明相感不能尔，因缘笔为序，俾后起者有所考云。
    己卯科乡进士丁庄武撰文 府学廪膳生员丁世德书丹
    总理改建为首人恩给衣绢寿官九十三岁侯殿邦丁一鹗丁一鸥
    总理主修经营银两人侯发文丁鼎丁鼐
    经理账目兼总庶务人侯杰文丁世德侯振邦
    合社众等还出官银五十三两五钱一分，使用略记内壁
    本社施财姓氏刻列于后
    ……（略）
    皇清康熙五十九年岁次庚子月在黄钟谷旦刻石立

八号院赵邦清行书石刻（两块）
    龙跃禹门千尺浪，凤飞云外万里霞；
    车马往来文接武，珠玉深藏富贵家。
    凤阙朝回日未斜，琼筵开处封黄花；
    门迎轩盖神仙客，乐奏笙箫富贵家。

重修千手千眼菩萨庙碑记

庄之南门外,千手千眼菩萨庙历来久远,其土台、墙壁遭风雨之剥落者几不堪矣。今岁秋,余约三两好善者,鸠工修理,逾旬日而厥工告成,周围砌砖,庶觉耐久,至资财所出,则创建魁阁之羡余耳。工竣勒石,聊书数字,以对今人,以对后人。

乾隆三十六年九月谷旦 介宾丁比彭撰 监生侯国宁书

重修三慈殿碑记

盖闻菩提萨,是名菩萨。或以为普济众生,或以为智慧乏了,是译其字义,与阎罗般若而何殊。说以神灵,乃弥勒无亲之各判。吾庄城内西南隅三慈殿者,鳌座巍峨,捧紫云于香界,鹦玉解脱,沛法术于尘寰,弥陀寺古,隔雉堞而时闻钟声,汾浒风清,唱渔歌而水闻梵呗。然而,贫里年陂,化城宁而无隆替。爰有善士丁日辉等,随域唱缘,深仗移山之力,沿门捧钵,广收布施之金。因之,遍历陕西、河南等处,凡诸居士,虽非喜舍之兰陀,亦有宰官,尽是再来之摩诘。于是,仍厥址基为兴建,积金六百,构殿三间,八万四千方丈之位,大士独尊,青黄赤白百宝之才,天花乱舞。其孔道四通,享亭特建。迎神有曲钲铙,震三月之春雷,说法无边,香火焕然,层云宝王富,余既赀之,犹有祈焉。沉之苦海,闵历劫之昏迷,森之慈航,仗何人以接引?窃以为欲澄德水,莫□心田,戒除烦恼,剑除灵膏,地现光明,莲栽净土,予怀杍柚,漫谈善诚,抡天孙彼岸,溯洄讵必身为佛子,果能鍼其首怨,晦其后过,便堪本觉名如,始觉名来,凭他狰狞金刚,具无□怒,况我慈悲菩萨,眉讵长低。余也,学飡就荒,书坛无色,尚希燃灯多宝,照使心开花灿,灵山拈教,顾解兹辱举,勉伐鄙词,虽无珊瑚七尺笔,□识无量广□舍利长城,王鸰有安然之座云尔。

辛酉科拔贡联捷举人吏部候铨知县 丁溪贤钓台氏撰文
邑庠生员 丁如骞又单氏书丹
大清嘉庆十三年岁次戊辰 夏谷旦

重修千手千眼菩萨庙碑记

千手千眼菩萨庙无创建碑记,不知始于何时,唯闻康熙乾隆年间重修改建有记可考。古人之善念庶乎不忘。迄今历年久而损坏又不堪矣。幸好善者目睹心伤乐成此举,募化村中,督工修造,易石柱换砖山,五脊八墙,门窗暖阁,不数月而焕然改观矣。奈募资有限,公费过多,实属难理,而好善者又捐资以助不足。噫,善事也善念也,忍湮没几不传乎?因勒石以永垂不朽云。

············ (捐银人名略)

丁顺添 施银三钱 丁应时 施银三钱
丁炳学 施银三钱 和盛楼 施银二钱
丁炳桂 施银二钱 张春秀 施银二钱
以上共入布施银五十三两七钱一分
木料使银一十九两七钱 铁货使银三两八钱三分
砖瓦脊一十九两七钱三分 石灰土坯四两五钱 土工使银六两一钱五分
石柱匠工使银一十五两 油匠使银七两
州同 丁先登捐银一十二两五钱九分七厘五毫
督工人又捐 丁仕清一十二两五钱九分七厘五毫
丁秀生六两五钱九分七厘五毫
丁溪麟一十两五钱九分七厘五毫

邑庠生 丁嘉銮撰并书
大清道光二十九年九月谷旦

重修三庄桥记

敝庄北二里许有东峪口者，本山径之蹊洞，南北之通衢，峪内源泉混混，峪外汾水洋洋，旧有小桥以通往来。泊道光二十六年秋雨连绵，汾水泛蒸，桥梁基址坍塌无少存焉。此际，人溺马泞，由斯道者，其何以堪！仁人君子有不动利济之念乎？乃地与敬村丁村连界，爰是，集三庄之耆老绅士，相议修补，大众乐襄其事，审势度基，募金鸠工，向之外者移于内，向之累石者增以砖，谋于二十七年之秋，成于二十八年春，工竣勒石，名之三庄桥，并施金芳名刻诸贞珉，永垂不朽。是役也，岂徒往来无阻，驰驱无虞，且有以继前人造桥之雅意，启后人修桥之盛心也。已是碑在南峪口崖根。道光二十八年□月□日

重修三义庙碑记

三义庙建于村之兑方，由来久矣。自明至清初重修已经数次，迄今年月深远，风雨飘毁，庙宇无栖，以及门垣摧残已甚，每逢朔望祀典，有肃观瞻，有忧之而难首其事者。丁燿等目击心伤，聚众相商，且以图终为己任。奈工程浩大，村力难支，因缘化古钧，得金若干，遂鸠工庀材，从新彩画，数旬之内焕然新焉。故直叙其事，以为后之乐善急公者劝。

蓝领八品衔邑庠生员柴士修纯甫撰
邑庠生员柴凤山琴堂氏书
总理募化人六品衔监生丁燿
经理首事人丁煊
首事督工人丁茂榕 刘秉兴 韩成尔 侯通顺 毛丰元
丁茂槐 侯创顺 丁保林 丁羊尔
今将施财姓名开列于后
禹州同公豫施银五两 钧茂益施银五两
春茂元施银五两 涌泉茂施银五两
泰昌和施银五两 涌益源施银五两
同吉福施银五两 永泰正施银三两
丁煊施银八两，州同丁燿施银三十两二钱一分
丁庭枫施石条六块
通共花费银八十四两二钱一分整 一切使费略记内壁
丁燿另施卖石碑刻字银二两八钱三分
光绪二十四年十月谷旦立

创建学堂并修理大庙戏台娘娘庙台基河上造船碑记

世道之升降全赖人材，人材之盛衰端资教育。夏曰校，殷曰序，周曰庠，学则三代共之。考诸县志，余村自清初以来，翰林举人拔贡生员颇不乏人，非前人注重学校何能有此效验？现今，村中生齿日繁，学生日多。村人以旧校舍窄小，咸欲建一广大之室。其砖瓦木材，取诸村西破寺之僧房，其余工资则央丁德生、丁葆宸、丁维垣、丁涵诸君在外集资。数年间，集得大洋四五百元。遂于民国二十三年二月间，动工修造，创建讲堂三间，教员室二间，厨房二间，门楼一间。至六月间，而大功告成，尚剩

洋贰百余元。除河上造船一只外，又将大庙戏台翻瓦一新；将娘娘庙台基修铺坚固，工既告竣。余题学校之门曰："为国育才"。值此欧风美雨时代，俾后之入学校者，当立志远大为一国计，非徒为一身一家计也。复题屏门曰：端本忠孝。俾后之为教师者，当端其根本于童，迩之为仁人孝子远之即义士、忠臣也。若能践履斯言，庶不负村人兴学立教一片热心矣。是为记
　　清查县地方财政委员前清邑庠生员　景周　丁濂　撰文
　　汾城县立第二高级小学校毕业教员　俊卿　柴家彦　书丹
　　募化人：丁维垣　丁葆宸　丁德生　丁涵
　　经理人：学董：柴如栋　闾长：丁长垣　村副：丁祥垣　村人：丁濂
　　闾长：丁续塘　管账：丁维壎
　　监工人：丁国桐　丁辕　丁文　丁庭荣　丁国权　丁富城　丁崇垣　丁小顺　丁振邦　丁庆鳌　丁学益　丁羲和　弓武烈　丁蒸文　丁煜文　刘兴旺　丁金城　侯式顺　丁迁筠　卫先春　丁长生　张玉椿　丁遂鳌　侯作善　丁福寿　丁宝垣　赵桂全　丁埃鳌
　　民国二十四年六月上澣 之吉立

丁是墓志铭（残本）

　　皇清待赠无非丁公暨元配闫孺人合葬墓志铭
　　癸卯科乡进士太平县儒学训导年家眷弟董全福顿首拜撰文
　　随进士候选入学司训沃邑眷弟王玉阳顿首拜书丹——赐进士出身原任福建建宁府瓯宁县知县调泉州府惠安县知县愚表兄韩从王顿首拜篆盖
　　郡庠廪膳生员宗侄世德顿首拜填讳丙辰春儒学生丁比彭将卜吉扶其父柩启其先妣闫孺人之圹而合葬焉，持状来署中嘱余为志铭。噫，余忻人也，秉铎东敬在雍正八年秋，彭父之殁在康熙五十九年夏，芳规未亲接，言笑未面承，何以志？虽然公之为人余得之无多。壬寅冬，公务至汾东，阻风雪留宿比彭书斋，时窗友丁允修亦与坐，见壁间悬挽诗一律，读之恍如品其人，遂不禁流连咏叹焉。允修曰，此邑进士韩先生作以挽彭父者。复为余道其家世，述其行谊，余因以得公之为人矣。今彭持状来求余一言以为泉石，余亦维用元遗山中州集钱牧斋列朝诗集碎摘韩诗以志公已耳。公系姓丁，讳是，字无非，世居太平县汾水东丁村，远不及七世，祖讳学，学生得川，川生继明，明生翰卿，恩荣寿官，为公高祖，考举丈夫子四，伯庠生讳诚，仲儒生讳诏，叔处士讳谦，邑庠生任垣曲县教谕讳谚，乃公曾祖考。子二，长拔贡生讳鸿图，次廪膳生鸿渐即公生父。子二，长公父邑庠生丕武，字承哉，次公叔父府增生讳本武字道生。公性嗜诗书，无他长，幼慧能，文章敏甚，同社友目为神童子，家积书充栋汗牛，偏好市书，逢试时抵平水，宁减口费必购书以还。咸嘲之曰，先人藏有多书，果尽阅之乎？公曰，虽不能尽读，积书以遗子孙后世，必能有读之者。韩诗颈联曰，绍先世，守缥缃业，裕后常耕经史田，公之识见超，有丁铠之风。视积金者奚啻万里，惜鹏飞志切，所愿未遂，终老牖下。韩诗颈联云，尘世无缘甘没齿，青云有路苦登天，公虽艰于遇，而枯鱼之赋不闻也。生平率真心硬，直言由衷，无踽踽态，有飘洒致，"生成脱略浑如仙，必履无衫白昼眠"，韩诗起句以为公写一小照矣。且百行莫大于孝，闻公当承哉公卧病时，左右侍事，汤药亲尝，夜衣不解带，昼食不充肠，及捐馆处舍，公庐居门外，逾年不入内室（以下缺）。

丁村丁扬武墓志铭

　　余表兄议葬姑母，嘱余构志铭。余系至亲，颇得其详。姑丈系姓丁讳扬武，字孝彰，世居丁村庄，幼嗜诗书，长游泮水。祖生员讳谚，父拔贡讳鸿图。娶元配戴安人，不数年卒，即迎姑母。姑母侍姑

父恪尽妇道,相敬如宾。乃伉俪之谐仅十年,姑丈忽乘箕而去。呜呼,姑丈易箦时,姑母年二十七岁,遗二孤。长表兄亭,甫七岁,二表兄洵,才四岁。姑母抚两表兄成立,长表兄弱冠即游国学,二表兄考授岁贡。且两表兄多子孙,一堂四世,是皆姑母苦第之贞所感也。姑母寿登九十有四,孀居者六十六年。甘苦之尝,令人难以言传。按,姑丈生员讳扬武,生于崇祯九年十二月二十四日寅时,卒于康熙十九年九月十三日亥时,享寿四十六岁。元配戴安人,常村生员戴公圣谕女,继配余姑柴安人,生于顺治九年十一月二十九日子时,卒于乾隆十年八月二十八日戌时,享寿九十四岁。为余祖乡进士第三女。姑丈生女一,适史村恩进士张锦翼,戴安人出,先姑丈卒。男二,姑母出。长候选州同讳亭,配解村乡耆沈公居一女,卒。继配阎店生员阎醒女,卒,再配大柴柴茂女。次岁进士洵,配张坦刘祖爕女,卒,继配曲里刘笃裔女。孙男八:亭出者四,席芳,祖彭过继,兰芳、桂芳。洵出者四,世芳、世芳先姑母卒。融芳、光表、五聚。孙女五:亭出者二,长适敬村庠生韩枋,次适庄里监生柴得武,卒。洵出者三,长适阎店监生阎效寅,次适余堂兄树生,三适敬村张见龙。曾孙男九:席芳出者,宁萍、宁藩、宁楚、宁安。世芳出者,履康、故,履宁。融芳出者,履旋、履吉。兰芳出者,宁史。曾孙女五:席芳出者,长适庄里柴德智,次幼未字。世芳出者一,融芳出者一,兰芳出者一,俱幼未字。姑丈之葬也,在康熙十九年十一月十七日,今以大清乾隆十一年十一月十二日至吉,启其□,以柴安人附遂。即志,复铭之曰:唯汾水旁,古丁村庄,慰上柏起,有丘若堂,彼淑人兮,于焉见藏。德昭日星,节堪流芳,寿跻耄耋,子孙荣昌,秋霜有露,万年馨香。

诰授中宪大夫河南怀庆府知府功服侄柴玮顿首拜撰 清乾隆十一年

丁村丁溪贤墓志铭

皇清例授文林郎辛酉科选拔举人钓台丁公暨德配阎孺人柴孺人合葬墓志铭

太平县汾东有村曰丁村,村有君子曰丁公,讳溪贤,字钓台,号笑蕖,辛酉科选拔,即以是科举于乡,为念武公之曾孙,诰赠宣德郎坤公顺如之孙,而诰封宣德郎嘉鎔公字金南之子也。弟溪莲援例州同。金南公以嘉锦公无子,命公为之后。公以弟即克显扬,遂绝意不求仕进,于村塾中设帐焉。余习举子业,虽从师访友,未得其门,每时时载酒从公问字。公言近旨远,引而不发。再问之,则曰,噫,汝并此不知乎?后又同公肄业杏园,与仙令郭公拈题分韵,互相可否,致足乐也。而明府柴公兰馨、孝廉毛公风毛亦携来同术同方焉,贤豪之聚于斯为盛。余以贪婪首蓿,司铎阳直,遂致疏阔。后丙戌乞假归省,时公年已六十矣,言谈举动与襄无异。分袂时,犹以身名共保嘱。嗟乎,观公之报以勉人,则公之所以自勉者可知矣。德配阎孺人,士英公女,早卒。继配柴孺人,恩施副榜巽女。孺人与余,旧有瓜葛,婉娩柔嘉,视余与其群从无异,余之得从公请业也,亦以孺人故。始,余见公时,即以先生尊之,公怫然曰,既是一亲,便是兄弟,何必异称。余虽口然其言而心终有不安也。故与公六旬寿文及冥寿文,忽而夫子,忽而先生,恩义交感,靡有适从焉。先是公有子庭槐,殇,聘郭公景泰女。次,庭树,未及殇而夭。晚始得庭栌,遂不使读书,人或以是为公憾,而公则唯以致差跌坠厥先祀是惧。亦自念生平行事,无背天人迈种,虽不可必而唯肖,则其所可知也。庭栌娶柴公振翮女,继娶柴公滋芳女,妾郭氏。女四:一适庠生柴心之,一适沈璞,一适阎繁,一适柴桂林。妾邓氏,今称未亡人,生庭柱,娶侯公金印女。又生女二:一适韩凝秀,一适柴汝昕。孙二:长辉文,次照文,俱幼。孙女一,未字,俱庭栌出。语无伦次,文铎枝节,然皆公胸臆中所欲言而非余莫能道也。公生于乾隆三十二年十一月初四日,卒于道光十四年五月初二日,享寿六十有八。柴孺人生于乾隆三十四年十月初八日,卒于道光二十年九月十四日,享寿七十有二。今将以道光二十四年十一月初九日巳时,扶公与柴孺人柩并启阎孺人圹,合葬于村之东郊焉。铭曰:闻公之讳,绎公之字,桐江汾水,有一无二,昔也无子,今乃有孙,忠厚之极,垂裕后昆,品格性情,文章道德,后学之典,人伦之式,孺人氏柴，其心塞渊，与公作配，允称比肩，知希者贵，雨间气清，何以状公，冢柏葱翠，老我颓唐，言恐不详，唯记私恩，泪盈两眶，亲情脉脉，无能为役，敬祝管城，书此贞石。

  赐进士出身、授文林郎、吏部候选知县加教授衔原任阳曲县儒学训导受业张凤翔顿首拜撰文
  邑庠生员愚侄闫子直拜篆盖 邑庠生员族自、侄丁桂峰顿首拜丹书
  孤哀子丁庭榑、庭柱、承重孙期服孙辉文、煦文泣血上石
  功服侄丁庭桢、庭梅、庭棘缌服孙炬文瘗石
  大清道光二十四年岁次甲辰十一月初九日巳时

丁村丁钧墓志铭

  皇清太学生仲陶丁公洎德配阎孺人墓志铭

  太学生丁公讳钧，字仲陶，与予同乡，且与予善。其子心深将以七月初六日未时扶公夫妇柩合葬于村艮郊祖茔焉，□予为其父铭。是时也，予与友设论正酣，心深适至，予不得辞。友因叹曰：吾乡之俗，葬者以有墓志铭为荣，而不论果有可志可铭者否，将志其功乎？拟铭以德乎？同乡人孰不知其底里，徒令人作难耳。予曰：君之论，正论也，然不可泥也。夫当者无愧色，作者有光荣，如蔡邕之铭郭有道者，千百年有几人哉。今之铭者，不过叙其性情，述其形状，不必吹毛求疵，自宜节短而录长。况仲陶公之为人，亦正有可铭者乎？公父母早逝，伯氏继亡，予不知其孝友如何。若与朋友交，化贫富之形迹，取心术之端正，尝与予辈当豁饮时，或评论史鉴人物或称扬当代名流，间亦谈及风月，而绝口不言人闺阁事，此其人所以能者。至阿堵中物，世之人成家者，惜之如命，败家者，挥之如土。求一人乎其中，超乎其外，用其物而不为所用者，亦罕觏矣。公父商于河南，与其族同伙，赀本饶裕，称大号焉。公居号中，亦多历年，所尔来去自由，不争父股，不受拘束。时而居奇市中，时而访友于麈，时则财交与义交并接，时则货筹与酒筹迭持。当酬酢交错之际，即或身著鲜衣，偶焉污之，毫不介意，殆有堕甑不顾之风。予亲友邻里有困乏者，即慨然倾囊相助，不以德色向人。故尝叹曰：银钱，身外物也，贫富皆淡事，只要子孙贤，何必金满赢。公洒脱如此，而谓俗子能之乎？然公之所以得此者，故其性情之自然，要亦赖有贤内助耳。德配阎孺人，赋性温和，持家勤俭，经营一切家务，井井有条。公之无内顾忧，有相得而益彰者。公世居太平汾东丁村柴尉里九甲，祖讳世臣，父监生讳天荣。公享年五十有四岁，距生于嘉庆五年十一月二十，卒于咸丰三年八月三十日。孺人阎店阎公国玺长女，生于嘉庆二年五月十七日，卒于咸丰五年三月二十五日。子女各一，心深娶伯虞村毛公海鹤女，女适曲里王公永祥子沂。孙女一，尚幼。志已，敬铭。铭曰：太平汾东，山灵川秀，俗朴风淳，土瘠人淑，富贵者少，雅人则有。摆脱阿堵，好古嗜酒，敦厚传家，世泽长久，孝子慈孙，绵绵于其后。

  邑庠生员、愚侄丁桂峰顿首拜撰书
  愚侄丁廷桢顿首拜篆 孤哀子丁心深泣血瘗石 大清咸丰五年七月初六未时

丁村丁又标墓志铭

  皇清太学生又标丁公暨德配毛孺人、韩孺人合葬墓志铭

  又标公与余相隔二里许，曩余即闻其名，而犹□□□□光绪丁丑，适余馆谷丁村，得与立身朝夕面欢，见其负气刚直，知公之佑启者深而熏陶者厚。己戊□人立身谒馆，面有戚容，询之，云父病异乡，欲指日登程出外省亲。不意，腊月初九日，甫整征鞭，而公竟先于□日捐馆，然既已就道，立身不之知也。旋即□闻之，不禁唏嘘惋涕，叹造物予人以才，何竟促人以寿如此哉？二月上旬，立身扶柩归里，卜葬有期，□公行状，嘱余以志其墓。余不文，弗获以□□□□□□。公丁姓，讳向魁，又标其字也。世居太平县丁村柴尉里六甲，□□祖讳耀先，乡饮耆宾，父莘，处士，母李氏，公幼□□□家贫，

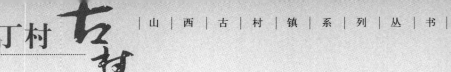

未能专攻诗书，乃渡黄河，逾太行，商游许州之石□□□□。公而勉之以鼓箧担□□，未尝不倦倦于儒者之道也。□□□□笑与伙友处，数十年无怨言。与乡里游，凡挟怨□□□□公言无不冰释瓦解。晚年家道渐丰，居处交人□□□□自有在矣。公生于嘉庆二十四年正月初四日，□□□□□初七日寅时，享寿六旬。元配毛孺人□配韩孺人，敬村增生韩公德懋□□女，在堂。男二女一：长子立身，娶敬村生员□□□讳树□，长子，俱元配毛孺人出，次子立名，幼未□□魁早卒，以长子立身承嗣。今于九月十六日申时□□□启毛孺人韩孺人柩，合葬村西北郊新茔，丁山癸向，兼□□□言也。乃为之铭曰：□□□兮□东，公之墓券兮，在其中，德如玉洁兮，□清□□□，子子孙孙□□，瓜瓞之绵绵而生。

邑庠生员眷姻晚韩成曾顿首拜撰文
军功议叙六品衔族侄启悟顿首拜书丹
太学生乡愚弟侯桂生顿首拜篆盖孤哀子丁立身立名泣血勒石
光绪五年九月十六日谷旦

附录2：民俗访谈

一、花馍制作访谈

讲述者：丁炳智和其母任藕云
访谈时间：2016.9.8

老人是花馍的制作者，但因为年纪大了而且方言交流起来比较费劲，所以在老人制作花馍的时候，由老人的儿子丁炳智代为进行访谈。括号里的内容是整理者为方便读者理解而做的添加。

问：现在会做花馍的人多么？
答：不多了，只有老年人会做了。
问：这面需要发酵吗？需要发酵多长时间？
答：是发酵好的。需要发酵40分钟。
问：发酵面的时候用的是发酵粉还是自己的引子？
答：自己的引子，用酵母也可以。发酵效果是一样的，但是味儿不一样。
问：（花馍）捏好了可以直接蒸吗？
答：不能，还要再放30分钟。
问：过去一般只有过节的时候才做花馍吗？
答：嗯，过年的时候。过年的时候人们串亲戚蒸花馍，现在人们都买礼品。
问：当时花馍是用来送人的？
答：嗯，会用来送人。
问：以前中秋节什么的不做花馍吗？
答：中秋节不做。
问：花馍会用来供奉吗？供奉以后人们会吃吗？
答：是用来供奉的，之前过节做了好多还有外边的人来买的。供奉了以后也吃，供奉后的吃了还好哩。
问：这种花馍是有大有小的吧？
答：嗯，有大的也有小的，但小的看起来精致一些。
问：花馍做起来有多少种呢？或者说做什么样的花有什么讲究呢？
答：各个季节有各个季节不同的种类。过年的时候捏的样子就不一样，清明节捏的东西也不一样。它们都是有讲究的。
问：一年做花馍的有几个节日？
答：我知道的有春节、寒食节。
问：花馍都有哪些种类呢？
答：春节时候做糕垛，枣山，寓意来年生活节节高。银子篮儿，家里有儿子出去打工的，让他吃这个，意思让他多挣钱。捏好造型的花馍，等蒸好后还要上颜色点缀。比如石榴就要用红色，叶子就要上绿色。
问：颜色是自己配的吗？

答：颜色就用的食品红、食品绿，是可以吃的。但是人不吃，就把它抠掉了。

问：再给我们讲讲不同节庆的花馍吧。

答：（有关花馍的造型）动物里面捏的就是蛇，虎虎，猪，还捏小兔子。哪种动物献的是啥，有不同的讲究。过年时捏枣山，糕垛，石榴，栗子，吃了栗子寓意一年可以顺顺登登的。（过年时糕垛、枣山的摆放方式是）把糕垛摞起来，石榴放在上面，后面再放个高高的枣山。（过年时）人们把财神接到家里来，是一种讲究。谁家枣山蒸得高，谁家蒸得时间长，谁就能接到财神，良辰吉日，争高争时辰，谁家接得早就接到谁家去了。枣山和糕垛不一样，枣山是卷起来的，底座有这么大（比画了有常规脸盆那么大的样子）。过年的时候也捏葫芦。正月十五捏鸡儿。清明的时候捏虎虎，枣山，刺猬。小孩满月的时候也会捏花馍。我妈说她没嫁过来时候，我姥爷家可讲究这些了。

老人如是说："过来以后这边都不弄，他们不会弄，我嫁过来以后才弄。捏糕垛，捏石榴……腊月里做哩，春节前蒸好，三十晚上黑了上蒸笼，接爷爷。"（此处老人也没说清是灶王爷还是财神爷，儿女问她是哪个爷爷，她只说是天上的爷爷。）

以前还在老院里住的时候，那时还没有自来水管，（初一早晨人们）早早起来，得赶紧去井里打水，谁能绞起来第一桶水，谁家就发大财，新的一年就能赚更多的钱。

如果出嫁了，头一年清明节给送刺猬和圆馍，刺猬是给女儿的，圆馍是给女婿的，圆馍光光的什么都没有。如果有了小孩，就给蒸个虎虎，小孩不分男女都送虎虎。有趣的是上坟的时候，还把那个虎虎放到坟里边滚过来滚过去，就是两个人在坟头上（把虎虎）扔过来扔过去。

以前（过年）走亲戚的时候，还拿着这个馍（指花馍）。那时候走亲戚给压岁钱才给一块钱，也有给五毛钱的，然后请他吃个饭，给他丢个馍。过完年会把刺猬和虎虎用绳子挂在屋里边，然后晾干了再吃。

问：以前条件不很好，有没有用其他面做花馍的？比如说玉米面？

答：没有，都是用白面做。玉米面什么的做出来也不好看。过去蒸的有一种大白馍，只包一个皮是白面，里面全是玉米面。

二、家戏表演者访谈

讲述者：张敖成

访谈时间：2016.9.10

问：昨天听您唱了一段家戏，觉得还挺有意思的，您是小时候就开始听家戏了吗？

答：我从小就爱唱戏，也好看戏。

问：那您还记得小时候听家戏的一些事情么，可以给我们讲讲么？

答：小时候啊，过去我们这个村儿里闹家戏，都是在庄稼收完以后农闲的时候，或者是正月，因为正月里没事儿了么，另外各村都有家戏班儿。

问：各村都有啊？

答：各村都有。

问：那各村都有的话，每个村唱的内容或者是形式有区别吗？

答：有区别。各村闹的戏不一样。有的是古装戏，有的是新戏，就是新编的戏。我们这村里唱戏，在毛主席那时候，就是毛主席思想宣传队，我都参加过宣传队。那个时候，在村里组织了一班子人，说是报名参加毛泽东思想宣传队，结果一报就报了七八十个人。我好这一套，好唱。

问：那这么说，这家戏就是农闲的时候，大家一块来娱乐放松的一种方式？

答：嗯，对。你想现在，正收秋种麦子哩，忙得很呢。只有说忙完了收秋，麦子种上以后才没事儿了。这时候就可能招上一打人练一练，闹一闹，到正月里演出，也算是一种农村文化生活。

问：那平时农闲的时候和这种逢年过节，唱的内容会有不同么？

答：那个不一定。现在文化馆里人家就管这一套，你要什么资料，到文化馆儿里去，你说你要什么资料，人家就给你弄。

问：现在你们唱的这些家戏和当时的内容有什么区别么？

答：嗯，有区别。毛泽东在的时候，就唱现代戏，比如红灯记、沙家浜这些革命戏。现在的不一样了。

问：现在是啥都能唱。

答：嗯，现在啥都能唱，但是还是要宣传咱们中国，比如改革开放，让我们过上了好日子。对于农村来说，党的领导好，老百姓就能过着幸福生活的日子。像我们这种，就我这个年龄的，国家还给补助钱呢，在过去谁给你钱呢是不。温家宝总理提出并免了农业税，这是一个大事情，在过去皇上都不敢免了农业税。那个时候军队部队要吃要喝，全凭老百姓交的粮食。现在这个社会好，军队自个儿开荒自个儿种地，减轻了多少农民负担。

问：你们过去唱家戏和现在一样都是自发组织的么？

答：在毛主席的那个时候，就是号召。现在不一样，我昨天晚上不是说了，现在年轻人不愿意看戏。因为现在电视上净是跳舞的唱歌的，这类节目多，一般年轻人都好看唱歌跳舞的，不愿意看戏。一般看戏的，就是这上了年纪的老人。看戏老人多，年轻人少。

问：我看陶富海老师的资料里说，当时唱家戏组织时，有一种叫"烫牙饭"的东西，你们那个年代还有这个么？

答：现在没有了，过去有。过去那是农村里召集人的一种办法，吃烫牙饭，谁来只要吃了烫牙饭，就得参加。就算你不会唱戏，不会表演什么，你总会端个水吧，扫个地吧，做这些也都可以。它只是一种叫人参加的方式，但现在不一样了。

问：烫牙饭有什么讲究吗？比如吃的东西或者其他？

答：那就是过去召集人的土办法。那个时候没有村委会，就是村里有头脑的人，说我们要闹热闹了，然后就做一锅菜，说是烫牙饭，里面什么都有，菜、肉、粉条，这个那个的。村里有的人，那些好热闹的，直接就去了，不好热闹的人，听人家吃烫牙饭，就也想去看看是怎么回事。去了以后一看别人都吃了，自己也就吃了，吃了以后就不能走。就算你不能干这个你总能干那个么，像不能唱戏的人就布置布置舞台，打打扫扫卫生，提个水，弄个喝之类的。

我们村里原来的家戏班，从"文化大革命"以后，就失传了，没人唱了。现在我们还能唱家戏，是因为最先办文化馆的陶富海陶先生，他来了以后是馆长，然后就找我们这几个村里原来的老人，问丁村的家戏班还能不能搞起来。我说得看现在有没有人支持，搞家戏班不是容易事情，要买这乐器，没有乐器就闹不成。他又问我能不能办起来。我说有人支持就能办起来，没人支持就办不起来。因为需要一部分资金，要买二胡，还有其他乱七八糟的都要买。后来他说，只要你们办，我就支持。所以说直到建那个文化馆的时候，也就是陶先生来了后才把这个家戏又搞起来了。

问：陶先生来以后，家戏重新表演是从几几年开始又办起来了？

答：最开始办文化馆那会儿。

问：具体几几年您还记得吗？

答：我不记得。陶富海他可能知道，他来村儿里办的。
问：到您这一代，如果传的话，这是第几代家戏传人了？
答：这第几代不好说了。
问：不好说了。
答：嗯。我现在八十一了。
问：八十一了。
答：嗯。我也当过干部。毛主席在的时候我还当过民兵连长。后来在大队里，我还当过畜牧主任。也当过小队里的队长。年轻的时候也能干，现在上了年纪不行了。就像昨天晚上我说唱戏，倒是好唱，但牙都是假牙。
问：唱得不是很清晰了是吧。
答：有时候你唱得多了，一出气，把牙给吹栽了，就唱不成了。
问：您这么喜欢这个，年轻人肯定也有好这个的吧，只是会比较少？
答：对，有好这个的参加了，不好这个的他就不参加。有好这个的找我，让我教他几句，给他唱几句，我就说可以。现在大部分年轻人不好参加这个。昨天晚上那三四个女的，一般闹家戏班的时候，也都参加着呢。给她们安排个角色让演个什么的，也都还可以。
问：她们三个人主要是唱角是吧，在前面唱的。
S：嗯，演员嘛。我过去也是唱戏的，也是演员，那时候我不打这个（板眼）。（以前）我们村里排了一部《白毛女》，我演的杨白劳。那一本戏排得挺成功的。排成功是什么原因呢，是因为我们有一个教师，他是剧团上下来的。董巨虎，他是咱们山西省三大武生之一，从剧团下来，被招到我们村里的，他对（排戏）这套可是熟悉得很，结果排的这部《白毛女》也很成功。
问：之后就走了？
答：他三四个月前死了，也八十多岁了。他是运城蒲剧团董营武的儿子。董营武那个时候也是剧团上有名的，他们全家都是唱戏的，唱蒲剧的。
问：咱们现在唱的家戏，跟他们平时正规唱的有什么不一样的地方？
答：当然不一样。人家正规的要啥有啥，农村里就不行。我们原来开始闹家戏，没有穿的服装，陶先生和我们村里的一个保管，他们两个人就去剧团里，把人家的旧戏装要了一部分回来，这才闹成了家戏。要唱古装戏，没有古装衣裳，就不像嘛。当时要了几个箱子回来，大家扮装扮装还可以，就这么演了。没有服装不行，因为光演新戏不行，而且一般老百姓特别喜欢看古装戏。新戏也演，但演得很少。
问：那现在还编新戏唱吗？
答：现在还编。我们原来有一个姓韩的，叫韩敬恒，那要说是可是编戏编得好的，写、画都行。我们演戏的时候，要个什么布景，人家就给你画出来弄出来。可能了那人。
问：那现在呢？
答：不在了。
问：咱们现在每年演的话，就都是以前的老戏了对吧。
答：也有新戏，不过演得少，一般就是演古装戏。因为有唱古装戏的这个衣服，就可以演古装戏。
问：现在说的新戏，指的是什么时候以后的戏？
答：新戏一般就是老百姓家里的这些事情，比如以前我们村里排了一回"算命"，这是一回新戏。讲的是一个算命先生来给人算命，实际上要宣扬的是破除迷信。因为有的人就相信这个（算命），有的人不相信。这个新戏也有宣传意义，告诉人们不要上这个当，算命是哄人的。新戏也有一定的教育意义嘛。
问：古装戏的话，就是咱们平时听戏唱得那些吗？

答：古装戏，我们演的《白毛女》是一回，演的《如意殿》也是一回，都是古装戏。古装戏也是要教育人的。《如意殿》的内容是一个老头给说了个年轻媳妇，年轻男的说了个老婆儿，两方年纪都不合适，后来两个人对换了一下，把这个事情给解决了，《如意殿》就是这么个故事。

问：您刚刚说"文革"后家戏停唱了，那时候是怎样的？

答："文化大革命"的时候，正式剧团里头不叫演戏，把剧团的戏箱都闹得烧掉了。过去那叫"牛鬼蛇神"。"文化大革命"时期要打倒"牛鬼蛇神"，要"破四旧"，所以那个时候剧团就不让演戏。原来有一个蒲剧著名演员，严逢春，他是咱们山西蒲剧界的一个大名人。把箱烧了以后，他就病倒了，说这么好的东西怎么能给烧掉呢。后来"文革"过去，给平反了。一平反以后，老汉兴奋，结果一高兴却高兴死了。咱们演蒲剧的这个严逢春，确实厉害，人人都称赞严逢春摆纱帽翅儿，说现在那些摆纱帽翅儿的就不行。严逢春摆纱帽翅儿，可以一边帽翅儿动，另一边帽翅儿不动，这个帽翅儿开始动，另一个帽翅儿就能马上停。总之纱帽翅儿摆得相当好，也是我们蒲剧界很有名望的一个人。咱们山西这里唱得多的是蒲州梆子，按现在的叫法来说，就是蒲剧。但是我们的老前辈严逢春不在了，如果严逢春还在，像我们这蒲州梆子，现在吃得开哩。你们看中央11台戏曲频道，很少放我们这个地方的戏，因为我们这前辈前人不在了，后继人又不行了。现在中央11台有时候可能会播一点咱们这种地方戏，但一般情况下它不放。放得河南豫剧、黄梅戏、京剧之类的最多了，而且那也是最驰名的。

问：咱们这是不是属于"眉户剧"之类的？

答：眉户剧中的"眉户"是怎么来的呢，是眉县和户县这两个县，合并到一搭，人们就叫眉户了。眉户戏，外人听起来就像是"迷糊戏"，所以有时候不了解的人理解不了，说怎么迷迷糊糊也能唱戏，实际上不是那个。眉户戏现在就咱们山西多，是咱们的地方戏。山西有一些眉户剧团，临汾就有一个眉户剧团，眉户戏唱得相当好。

问：昨天有表演一段儿是折子戏，什么叫折子戏？

答：折子戏，就是一本戏里边儿，捡红戏抽出来一段，演一演，这就叫折子戏。

问：家戏的传承模式，就是师傅带徒弟这样吗？

答：农村里当然是师傅带徒弟，但和城里大戏团比起来，就没人家经验丰富。我们这种没在大戏团里待过的人，和大戏团里待过的人比起来当然不行啊。就说我们排《白毛女》的时候，运城蒲剧团董巨虎，他是从剧团下来的，下来以后在我们村里找了个媳妇，就到了我们村儿。人家经验多，在剧团里待过什么都懂，你要说排个什么，他都知道要怎么弄。而且他排的动作，我们农村戏团的根本想不到！因为我们没有那样的经验。因为演得戏多了，所以他排得那一部《白毛女》相当成功。

问：您了不了解丁村家戏的传统，比如是什么时候开始有的？

答：早以前就有。

问：具体是多久，这个您有了解么？

答：我来到这个村里的时候就有，以前那个老传统的家戏很早就有的。那个时候在正月里会出外表演，你村到我村，我村到你村，来回循环地演一直到二月，到了二月以后人才回来，整个儿在外边儿转一圈地循环演出。因为正月里没事儿，各村都会演。

问：刚听说您不是丁村人啊。

答：嗯不是。我老家是宁夏的。宁夏吴忠的。

问：您是怎么就到这边了？

答：要说我这历史可苦得很呢，我是给人作儿了。在我们老家，我母亲生了我们姊妹八个，旧社会的生活条件实在困难，养活不了那么多人。生下我以后，我家六个人盖一个被子，被子把我盖不住，才把我给别人作儿了，当时我才六个月大。现在我们姊妹八个人里，我大哥不在了，我大姐不在了，

还有我们六个。

问：您排行呢？

答：男女都算上，我是老四。要光算男的，我就是老二。我一个哥哥，两个姐姐，下来就是我。我底下一个妹妹，妹妹下来底下还有三个弟弟。要说我这个历史，可是苦得很。我老家是姓温，给到这一家是姓阎，他是咱们村沿着汽车路上去的那个阎店村人。他出门在外，也在外边娶妻了，但娶妻以后没有孩子，所以我就给了他家了。给了他家以后，他的老婆又生下个孩子。生下孩子以后，有了亲生的，对于要下的就不多做啥。结果后来我就来了这里。那个时候姓阎的在吴忠还是可以的，开了个门市部，卖杂货的。老人年纪大了，后来也死在外边了。我从宁夏回这的时候，才十二岁。那时候还没有火车，也没有汽车，就是骑旱足，沿旱路一路跑上回来的。我当时给人家牵着牲口、牵着马，从宁夏一直回到咱们这儿。整整在路上走了一个月错一天，也就是二十九天才走到咱们这个地方。走到这个地方以后，投奔了那个姓阎的姐姐，也就是我叫姑姑的。她嫁到曲里，离咱们这个村儿才五里地，我在那又待了几年。在那待的几年就和抗长工的一样，什么都干：犁地耙地，拔草喂牲口，担水，可苦了呢。就这么一直待到我十七岁。当时我那个表哥说，你不要走了，在这里住着，将来有办法了我给你娶个媳妇。那个时候十七了我也想着呢，人常说，亲戚的地方不是久留之地，我老在这儿算什么。结果丁村有个姓曹的，姓曹的他们夫妇两个，生了三个闺女，没有儿子。原来我们家戏班的这个班头，和曲里我表哥两个人关系特别好，因为我表哥也好唱戏，他们两个又唱得时间长。班头唱家戏的时候两个村子跑，而且丁村和曲里才五里地离得近，唱戏时候先在他们村里唱，他们村里唱了以后又到我们村里唱。后来他就把姓曹的人家的事情给我表哥说了，说丁村有个姓曹的，他们夫妻两个要了三个闺女还没有儿子，你看是不是叫你弟弟去。我表哥就和我商量，问能行不，说我看行就去。结果后来我就来了，到姓曹的家里，又给姓曹的作儿了。我去的那时候姓曹的老婆就是个大肚子，后来生下个小子。没有这个小子的时候，他们对我还可以，到后来有了这个小子，那就不行啦。就开始虐待了。那个时候我有十八九了，就想我的命怎么这么这么苦啊，也不愿在这待了。当时姓曹的人家是种地的，有牲口，喂的牛，天天喂牲口就是我的事儿了。他家在一边，而牛院在另一边，我每天就提着水去喂牲口。有一天我咋想咋不对头，觉得我这命怎么就这么苦。我把牲口喂完，把水罐搁在牲口槽底下，就走到曲里找我表哥去了。我哭着给我表哥说，我这个命就这么苦啊。最开始人家没要这个儿子，对我还可以，要上这个儿子以后，对我就另眼相待了。人家吃好的我吃赖的，虐待的不行，这我生活不下去。那个时候生活条件比较苦，吃的就是磨了豆腐剩下的豆腐渣，他们家用豆腐渣加点红薯，做成的豆腐渣窝窝，就是我的主食。那个豆腐渣不好吃，它看着少，搁到嘴里却越嚼越多，咽都不好咽。后来我们这里班头和我表哥好，他们经常来回唱戏，又让我到另一家姓张的家作儿。这个姓张的是河南的，从河南来到丁村，给地主家扛长工，扛了一辈子长工。他们夫妇两个都六七十多了也没有子女。这个老汉儿从河南来这给地主扛长工，那个时候说他一刀八十、二刀八十、三刀八十，在扛长工里边那是一流的，说干啥活儿都没问题，只是脾气怪。我来以前听说，他头里要三个儿子都没站住。因为他脾气怪得很，人家接受不了，一闹不好就转身走了，所以说了三个都没站住。后来我去了以后，一是因为老汉年纪大了，二是因为那个时候农村生产方式是互助组、合作社。先开始是互助组，后来变成了合作社，成立了合作社后我们就入了合作社，我天天早上起来就到社里干活去了，和老头的接触就少了，光是回来吃点饭，一吃完饭转脸就又走去社里干活了。这时间一长，老汉一天一天老了，也就不多管事儿了。后来老汉完了，我也是披麻戴孝把老汉送了，我身后的房子是我得的人家的家产。这是在土改后分的地主的房产，土改以后地主破产了，给他们（指怪脾气张姓老汉家）分的就是这个地方。当时我们村里有两个农业合作社，一个是友好社，一个是五四社。我参加的是五四社。友好社是北边的，我们这边儿是五四社。那个时候两个社的社长还搞对抗，看谁搞得好。

问：就是那个时候把家戏搞起来了？

答：不是，你要说搞这个家戏宣传，那就是我给你说的陶富海。他来这个村里搞文化馆，文化馆整理好开了以后，他就来问我们丁村家戏班还能不能搞起来，他也知道丁村原来有家戏班。他来后找我还有丁高升谈了，丁高升那个时候开个代销店，卖个烟酒什么的，我们有时候肯在那儿坐。还有丁义鳌，我们都在一搭儿唱过戏，都肯在那儿坐。后来陶先生过去到那儿，见到了大家，说你们这个家戏班怎么也不闹了。我说自从"文化大革命"到现在就没人闹了，又没人支持谁闹呢。陶富海就问那你们搞不搞？我说没资金怎么搞？没人支持怎么搞？后来陶先生就说，只要你们搞，我支持！他这么一说才搞起来的，要不是就搞不起来。

问：像丁高升这老一辈儿的他们现在都还在么？

答：丁高升还在，八十多了，不过脑子也糊涂了。我原来和他唱张良卖布，他顶的四姐娃，我顶的张良，我们两个人唱的。现在老了，有八十四了。

问：现在村与村还会串着唱么？

答：现在我们这个家戏班不行了。为啥说不行了，因为好多好演员都不在了，拉板胡的，弹三弦的，这都不在了，也就闹不起来了。我们这家戏班打铜器的人里面，打马锣的不行了，现在是头脑不好打不来了；那个拍小钹的，是我的大女婿，现在在外边儿打工，只有过年的时候放假回来，还能凑合给你打一打；现在勾小锣的都没有。文场面的还可以，召集召集还有几个人，而武场面的几乎就没人了。

问：现在就是过年的时候咱们自己村里热闹热闹。那些弹三弦的、拉板胡的，现在都接不上了。

答：原来弹三弦的那个老汉，连拉板胡带弹三弦，是个全面手，结果完了。现在换了一个拉板胡的，昨天晚上给打电话让来，但他有事儿走太原去了，要不他就是拉板胡的。

问：您小时候是怎么看戏的？

答：我小时候给那个姓阎的作儿，就好看戏。那个时候小，身上又没钱，只能混进去看戏。冬天天气冷，大人穿着大皮袄，我要想进去，就凑着人家，赶紧钻到皮袄里边，就能进去了。

问：那时候戏在哪儿演？

答：我那个时候在宁夏吴忠，演戏的话是在吴忠大剧院。当时那个姓阎的老汉他老婆脾气不好，但姓阎的老汉对我可好。每次看完戏回去就十一点、十二点了，回去要叫门让人家给开。我叫叫开了，如果是老汉来开门，他"呸"地吐一口就没事了；如果是老婆子来开门，她就非打一顿不行。我当时好看戏就迷成那样。

问：那现在唱家戏是在广场上的那个戏台吗？

答：这戏台是前年才盖起来的。我们原来唱戏没戏台，在西边那个三义庙的台子上唱了几年，那儿根本转不开。之前有个戏台在代销店儿那里，那原来是我们的小戏台。代销店的那个老婆儿，她的男人之前是咱们村里的主任，那时他说把这小的戏台拆了盖个大的。结果小的拆了，大的也没盖成。后来我们那个丁书记又张罗着盖，盖了三年那台子才盖成。不过现在台子盖成了，唱戏的人反而少了，好几个爱好的人都不在了。这个变化真是大得很。

三、土布技艺访谈

讲述者：王秋菊

讲述者个人信息：1964年生人，1986年嫁入丁村，丁村土布第四代传人。

访谈时间：2016.9.8

问：给我们分别介绍一下土布制作的流程吧。

答：先是搓条，纺线。把棉条放到纺机上纺线。纺线时如果机器不合适，就带不起来，不过现在纺线已经由机械代替了。以前都用纺机纺线，如果不熟练纺出的线就粗细不匀。现在如果用纺线机就太慢了，太耽搁时间。现在经线，穿扣，刷线，织布还都是人工的，就纺线不是人工的，纺线能拿机械代替所以就不用人工了。倒线现在拿小机子代替了。经线就是为了刷线子，把线刷成一骨碌一骨碌。穿扣是为了刷线做准备，刷线时五六个人一组，在外边儿马路上。刷线就像梳头，把线捋顺了才好绑起来。刷线用的工具，梳子也可以，刷子也可以，可用的工具很多。棉线刷顺了后卷成线卷。线卷会根据之后上机所织的花纹来卷线，传统花纹土布和提花土布的线卷花色已有区别。线卷内的竹签木棍是用来撑扶的，不然线一波一波下来，（上面的）线子就勒到里边儿，勒到里边儿就没法织了。刷好线后才能安机，然后经线、穿综。以前用经线杆（一个其上安有一排铁环的大木杆）将经线杆支起来，然后把线团放在碗里，将线头穿过经线杆上的一个铁环，有多少个铁环就对应多少个线团。经线时将所有的线头拿住，然后两端跑来跑去。将线上机前还要用缠穗子机缠穗子，再将缠好的穗子放进梭子。穿梭时梭子要穿过上线的下交叉口，来回交叉，脚下也要来回踩一下，然后就能织布了。织布机上有个板（即"梳抚"），穿梭一下就要向前拉一下，目的是为了将线打紧，不然织出来的土布花纹松散。如果花纹越复杂，梭子相应的就会越多。（指着一匹喜字花纹的土布作说明）排这个花纹时候相应的线要一个圈套一个圈，不能错，错了花色就会不对。织布时脚底下要同时使劲儿，不然的话机子起不来。

问：看到土布制作流程简介里有锤布，那现在还用锤布吗？

答：现在织好的布已经不需要锤布了。以前要锤布是因为那时织好的布要上浆，为了平展，就会锤一锤。现在织的布没浆子了，只需熨一下就行。之前过浆是因为纺出的是单股线，没有拽劲儿，而现在用机器纺的线是合了股的，有拉劲儿了，就不需要上浆了。以前必须上浆，不上浆没法挂。刚刚演示时纺的线它没拽劲儿，一弄就毛了，容易断。另外上浆是在刷线之前。

问：以前会织布的人多吗？

答：以前老人家都会织布。我们小时候就在织布机上玩。我是襄汾县里人，嫁过来之后才又学的织提花花纹的布，以前织的是传统布。出去学，（或者）自己摸索，就像你们年轻人一样，学着学着就会了。妈妈那一辈和奶奶那一辈的人她们都会织布，她们穿的衣服都是自己织的布做的。以前穷人才穿这粗布衣呢，她们到过年赶紧给织布，织下了做衣服。

问：现在会织布的人还多吗？

答：现在会织土布的人也不少，村里会织布的都是我这里教出去的。要不说我们这里是传习所嘛。老年人不会织提花咱就教，手把手教，这些都是跟了我十来年的老人了。从2004年开始干到现在，来了咱就教，不会保留。

问：有没有什么关于织布的趣事呢？

答：以前有故事说（织布是）脸前挂的"挂面"，手里拿的"干鱼"。"挂面"是织布机上端挂的短线束，当织布时有线断了的时候，就用这些短线将断线接起来。"干鱼"即梭子。还有我们小时候男孩女孩都上机子玩呢，给人家断了线又接不上，就偷偷跑了。

问：（指着织布机上的线）这些线都是怎么穿上去的？

答：穿综的时候，需要用钩针将线一根一根地穿到机子上，一般需要两个人，一个递线子，一个穿线子，用一两个小时才能穿好。

问：那这一匹布大概有多长呢？

答：150米。通常在外边刷线时从咱们这店儿到高门楼那就得来回拽五六下。

问：一小时能织多长，可以到一米么？
答：一个小时能织三尺，一米是三尺多，差不多一米。
问：咱用的棉花是当地种的吗？
答：织布的棉花有当地种的，也有买的新疆棉花。当地的棉花绒头小，新疆的棉花绒头长。
现在有厂家专供核线子，供染线子，你们住的地方后边有个染坊，现在还是自己染，不过今年没有自己染。染好了还要倒线子，经线子，一步一步地。
问：以前自己种棉花的时候，棉花籽儿也是自己去么？
答：嗯自己压花、弹花，压花以后棉花籽就吐出来了。我们小时候就种棉花，现在种的少了。我们当时背着药筒、怀着孩子，还下地摘棉花呢。现在不了，现在都是机械化。
问：我看织好的布还不到一米，那用的时候是怎么用的？
答：用的时候是拼接，你看那都有拼接缝的。有两块拼的也有三块拼的，看你要几块，两块的就是单人的，三块的就是双人的，在机子上就拼接了。以前没有机器的时候就手工缝，两片儿（土布）先用浆子一粘，然后就拼起来。咱这是往两米五下裁，也就是七尺五，以前是六尺，现在长了。因为咱这是干线子没缩水，以前它会缩水。
问：这布的厚度能控制吗？
答：能控制的。衣服的布就会紧实，披肩就比较松，棉线的空隙大。加厚的用两股线，薄的就用单股。厚度其实是用线的粗细控制的，线有21，32，26，34，型号也是有标准的。做衣服就用细线，32的纱。土布的花纹也是织出来的，想要什么花纹我们可以调。
问：那不同厚度的布的用途呢？
答：可以根据客户的需求，看你是做衣服还是其他。除了做衣服，还能做床单，枕头套，小孩子的尿布。
问：因为很多地方都有土布嘛，那您觉得丁村土布与其他地方的土布有不同吗？
答：霍州等地的土布是由机械织的，纹路特别均匀，而丁村土布完全手工操作，纹路不匀，线有紧啦密啦的区别，再有是按摩点多，有粗糙感一点。因为一般人左手和右手的劲儿不一样，咱平常干活右手就有劲儿，左手就没劲儿，你拽那个板（指梳扰）就是有的劲儿大有的劲儿小，因为你两个手来回换，它也不可能劲儿匀。手工布就有这个感觉，就是不匀称，而机器织的布特点就是匀称，它定的多少厘米织出来就是多少。还有长治的乡只是做个模式，他们在外边订货再拿回来卖，而咱们就是实体的。相比之下，机械织的布就会便宜。因为机械操作，一个人就能看好几台机子；咱这不行，一人一台机子，所以成本就高了。
问：因为有土布技艺的传承，那这些织布机呢，也是传统方式做的吗？
答：村里的织布机都是自己做的，村里有木匠，我们找木匠做的。

后　记

　　丁村民宅规模较大，有院落三十余座，横径曲巷，院院贯通。而且，非常难得的是，多数建筑上留有修建时的年款题记，断代清晰。这些民宅的装饰也非常精美，木雕、石雕、砖雕，琳琅满目，美不胜收。1988年，"丁村民宅"被公布为全国重点文物保护单位。2006年和2012年，"山陕古民居"（含丁村古建筑群、党家村古建筑群）两次被列入世界遗产预备名录。2012年，丁村入选第一批中国传统村落。2014年，丁村被公布为第六批中国历史文化名村。

　　除了丁村民宅这个全国重点文物保护单位外，丁村还有另外一个全国重点文物保护单位，即"丁村遗址"。一个村子有两个国保，实属不易！丁村遗址是旧石器遗址，大名鼎鼎，是1961年公布的第一批全国重点文物保护单位。当时全国只公布了108处，平均各个省只有三处左右，数量很少，个个都是精品中的精品。丁村遗址能跻身其中，说明其价值之高。

　　需要说明的是，本书没有涉及丁村遗址，主要基于下面几个原因。一是篇幅所限。一本小书，实在无法容纳如此丰富的内容，只好忍痛割爱，删繁就简，去掉丁村遗址。二是体例所限。本套丛书中的每一本书，一般都是选一个村落，但所说的"丁村遗址"，面积较大，覆盖了几个村，并不全部位于丁丁村村域范围内。三是专业所限。几位作者都是建筑学毕业，术业有专攻，力不从心，所以就放弃了这一部分。如有读者对丁村遗址感兴趣，可以参阅相关论文和著作。

　　在丁村的调研过程中，很多人给予了无私帮助。山西省住房和城乡建设厅厅长王立业、副厅长翟顺河、调研员李锦生，以及村镇处处长张海星、赵俊伟等一直支持和关注着丁村的调研，丁村党支部书记丁文涛、村委主任杨跃德、党支部前任书记丁炳智做了很多协调工作；丁村民俗博物馆原馆长、文博研究员陶富海，丁村民俗博物馆旅游接待部部长、太平丁家版画传承人丁丽敏等接受了我们的访谈；北京交通大学的研究生刘传勇、丁力深和本科生胡娜、丁浩然、祝美琪等参与了调研和资料收集。在此，一并表示真诚的谢意！

薛林平
北京交通大学建筑与艺术学院
2019年12月16日